Willy Reifler

Vom Geheimnis der Zusammenhänge

Willy Reifler

Vom Geheimnis der Zusammenhänge

Erinnerungen, Gedichte, Predigten

Illustrationen von Kurt Mühlbauer

Meiner lieben Frau Annamarie
und der Kirchgemeinde Niederurnen
gewidmet

Herausgeber:
Evangelisch-Reformierter Kirchenrat des Kantons Glarus
Illustrationen und Notensatz: Kurt Mühlbauer
Herstellung: Spälti Druck AG, Glarus
Vertrieb: Buchhandlung Baeschlin, Glarus
ISBN 3-85546-072-8

Zum Geleit

Pfarrer Willy Reifler nimmt Abschied von der Kirchgemeinde Niederurnen, in deren Dienst er vor genau 35 Jahren getreten ist. Nach dem Rücktritt als Präsident des kantonalen Kirchenrates im Jahr 1991 folgt jetzt der Schritt in den Ruhestand.

Der Kirchenrat der Evangelisch-Reformierten Landeskirche des Kantons Glarus nimmt den markanten Übergang im Leben von Willy Reifler zum Anlass, dem Freund und Weggefährten für sein vielfältiges Wirken zu danken. Er tut es mit der Herausgabe des vorliegenden Buches, das einen kleinen Querschnitt durch das Schaffen von Willy Reifler und eine Reihe von Illustrationen des Niederurner Künstlers Kurt Mühlbauer enthält.

Willy Reifler sucht in seinen Texten nach dem Geheimnis der Zusammenhänge. Er tut es aus dem Blickwinkel des engagierten Gemeindepfarrers, der das Leben zu verstehen versucht und der die Menschen mit all ihren Ecken und Kanten gern hat. Wenn er erzählt, dann geschieht es oft mit einem wohlmeinenden Schmunzeln. Wenn er analysiert, dann nicht, weil er anklagen will – sondern weil er sucht, was zur Heilung beiträgt.

Dass dieses Buch rechtzeitig auf den Zeitpunkt der Pensionierung von Willy Reifler erscheinen kann, ist nicht selbstverständlich. Wir danken dem Kirchenrat

Niederurnen, insbesondere dessen Präsidenten Walter Schneider, für die spontane Bereitschaft, sich in allen Belangen am Geschenk zu beteiligen. Ein herzlicher Dank richtet sich auch an die Mitglieder der landeskirchlichen Medienkommission Markus Beerli, Rosmarie Künzler und Martin Mezger sowie an Yvonne Lüssi. Sie haben mit ihrem Einsatz das Unternehmen überhaupt erst möglich gemacht.

Der letzte Dank aber gebührt Willy Reifler selbst: der Dank für vieles, was er uns durch sein Engagement als Pfarrer und Kirchenmann geschenkt und ermöglicht hat – der Dank aber auch für die hier vorliegenden Erinnerungen, Lieder, Gedichte und Predigten. Sie helfen uns, dem Geheimnis der Zusammenhänge auf der Spur zu bleiben.

Pfr. Walter Lüssi
Präsident des kantonalen Kirchenrates

Glarus, Ostern 1994

Im Pfarrhaus brennt noch Licht

Es ist gut, wenn im Pfarrhaus wieder Licht brennt!" Das war der schönste Willkomm, der uns nach der Rückkehr aus den Ferien bisweilen dargebracht wurde. Solange das Licht im Pfarrhaus brennt, stehen Pfarrer oder Pfarrfrau auch zur Verfügung. Bürostunden gibt es hier nicht.

"Im Pfarrhaus brennt noch Licht", so ist ein Aufsatz von W. und L. Foltin überschrieben. Im Pfarrhaus brennt noch Licht... Auch solche, die nicht ausgesprochen diesem Licht zustreben, schätzen es, wenn es brennt. Sie mögen sich sagen: "Das Pfarrhaus wäre offen für den Fall, dass... Das Telefon würde dort abgenommen, wenn ich je einmal..." Das Licht im Pfarrhaus brennt allerdings nicht nur für diejenigen, die ein "Anrecht" auf den Pfarrer haben, weil sie Mitglieder der Kirchgemeinde sind. Das Pfarrhaus ist eben, wenn auch nicht gerade ein Leuchtturm, so doch ein Lämpchen, das über den Kreis der Gemeinde hinausleuchtet. Es zündet zum Beispiel auch denjenigen, die, aus welchen Gründen auch immer, aus der Bahn geworfen worden sind und auf allerlei unsteten und ziellosen Wegen durch das Land ziehen.

Wenn dann freilich die Hausglocke noch abends um neun oder zehn Uhr betätigt wird in der Hoffnung, im Pfarrhaus sei man behilflich für ein Nachtlager oder

doch wenigstens für ein Bahnbillett, dann ist drinnen nicht unbedingt Freude angesagt. Doch die Erfahrung zeigt, dass es auch dann besser ist zu reagieren; sonst ist es möglich, dass der Hilfesuchende gleich auf der Bank vor der Haustür nächtigt.

So aufdringlich wäre Anton, von dem jetzt die Rede sein soll, nie gewesen. Er bettelte auch nicht. Vielmehr erbat er sich jeweils einen Warengutschein, den er dann bei einem Gemüsegrossisten einlöste. Er erwarb sich damit ein oder zwei Kilo Knoblauch, und diesen Knoblauch verkaufte er dann einzeln an den Haustüren. Das war unsere Aufgabenteilung: Ich gab das Kapital, und er hausierte, wenn auch ohne Patent. Ging das Geschäft allzu harzig, bot er den Knoblauch auch an der Pfarrhaustür zum Kauf an. Wie hätten wir an der Qualität der Ware zweifeln können? Wir hatten ihn ja indirekt beliefert. Anton war übrigens katholisch. Aber die Ökumene funktionierte an der Pfarrhaustür völlig problemlos, längst bevor sie im Dorf die ersten, noch unsicheren und zaghaften Schritte tat.

Zwei Begegnungen mit Anton verdienen besondere Erwähnung. Einmal erschien er überraschenderweise gleich mit zwei umgebundenen Krawatten. Als ich ihn darauf ansprach, erklärte er: “Es geht ein rauher Wind. So friere ich weniger.”

Einmal hatte er vernommen, dass meine Frau seit längerer Zeit bettlägerig war. Da erschien Anton mit einem schönen Blumenstrauss. Meine Frage, ob er diesen verkaufen wolle, wies er fast entrüstet von sich: Er sei für meine Frau bestimmt, und er habe ihn ehrlich verdient, er habe dafür in der Gärtnerei Wege gejätet – was uns später von dort bestätigt wurde. Der Stolz und die Freude, einmal selber der Schenkende zu sein, leuchteten auf seinem Gesicht. Meine Frau war tief gerührt von soviel Aufmerksamkeit und hat es dem freundlichen Geber mehr als einmal entgolten.

Immer, wenn es Frühling geworden war, kam Antons Zeit. Ja, wir mochten uns eigentlich gar keinen Frühling ohne Anton mehr vorstellen. Und als wir uns eines Tages darüber Rechenschaft gaben, dass zwar schon mancher warme Tag vergangen, aber noch kein Anton erschienen war, da stand für uns fest: Nur schwere Krankheit oder Tod konnten ihn davon abgehalten haben, wieder als Frühlingsbote bei uns zu erscheinen und dann seine kleine Geschäftstour anzutreten. Ein Erinnerungsfoto ist uns geblieben und zeigt Anton in Aktion mit unserem Rasenmäher: Auch den Znüni wollte er sich jeweils redlich verdienen.

"Wem körsch?"

Viele Jahre hatte Elsa zusammen mit Mann und Schwager die Landwirtschaft betrieben. Damals hatten Landwirte noch ihre persönlichen Kunden, denen die Milch vor der Haustür ausgemessen wurde. So gehörte Elsa mit ihrem Milchanhänger zum alltäglichen Dorfbild. Eine Goldgrube war ihr Betrieb keineswegs. Ferien blieben ein Fremdwort. So standen auch keine Reisen auf dem Familienprogramm. Elsas Welt blieb klein und wurde noch kleiner, als die Beine ihren Dienst zu versagen begannen. Schliesslich blieb sie fast dauernd bettlägerig.

Doch klein war ihre Welt nur äusserlich. Wie anders sie innerlich bestellt war, ging mir auf anlässlich eines Besuches. Sie äusserte mir gegenüber nämlich einen Herzenswunsch. Ich dachte, dieser stehe in Zusammenhang mit ihrer Krankheit. Weit gefehlt! Sie bat mich ausgerechnet um eine Landkarte des Nahen Ostens. Das muss 1967 oder 1973 gewesen sein; sie wollte nämlich die Orte und Gegenden, von denen das Radio in seinen Nachrichten über den Nahostkrieg berichtete, selber auf der Karte aufspüren. Waren da nicht zahlreiche Stätten dabei, von denen sie einst als bewegte und beredte Sonntagschullehrerin ihrer grossen Kinderschar erzählt hatte? Da galt es für sie, Gegenwart und Geschichte Israels in einen tieferen, ja göttlichen Zusammenhang zu stellen. Elsa bleibt für mich ein Beispiel dafür, wieviel innere Weite sich auch beengten äusseren Verhältnissen abtrotzen lässt.

Über ihre Leiden klagte Elsa nicht. Die einzige Klage, die ich von ihr zu hören bekam, war diejenige über eine bestimmte Sorte von Besucherinnen. Diese hielten ihr nämlich vor, wenn sie nur mehr glauben und inbrünstiger beten würde, dann könnte sie wieder gehen wie einst. Und dann gingen die Betreffenden leichten Fusses von dannen, ahnungslos über die Kränkung, die sie der Leidenden zu ihrer Krankheit hinzugefügt hatten: Sie hatten ihr indirekt Unfähigkeit zu beten vorgeworfen. Wie gefühlsarm und lieblos doch falsche Frömmigkeit sein kann! Ich nehme an, die bibelkundige Elsa werde sich der wortreichen Freunde des Hiob erinnert haben, die so gut zu wissen meinten, was es mit seinem Leiden auf sich habe, und denen der Gepeinigte vorwarf: "Leidige Tröster seid ihr alle!"

Am Tag der Kranken machte sich einmal ein Schärlein Sonntagschüler mit ihrer Lehrerin auf, um Elsa mit ein paar Liedern zu erfreuen. Sie trafen sie an mit Telefon und Gehstock in Griffnähe, das Nachttischchen bedeckt mit allerlei Medikamenten und Hausmittelchen und selbstverständlich ihrer Bibel. Elsa begnügte sich nun nicht damit, den Gesängen und eingestreuten Sprüchen zuzuhören. Sie wollte jedem einzelnen Kind die Hand geben. Doch auch da gab sie sich nicht mit den Namen der Kinder zufrieden. Sie stellte jedem Kind die altertümliche Frage: "Wem körsch?"

Diese Frage hat es mir angetan. Sie ist sehr verschieden von der Frage: "Wer bist du?" Das ist die Frage nach dem Ich, nach der Person, nach der eigenen

Autonomie. "Wem gehörst du?" hingegen ist die Frage nach der Herkunft, der Beziehung, der Verwurzelung. Gewiss, auf die Kinder bezogen, war es die Frage nach der Familie, der sie entstammten. Auf die Erwachsenen bezogen, ist es indessen eine tiefgründigere Frage, die Frage nach der inneren Zugehörigkeit.

"Wem körsch?" ist eine Lebensfrage, wenn nicht sogar die Lebensfrage. Hätte man Elsa selber diese Frage gestellt, so hätte sie wohl etwa mit dem ersten Artikel des Heidelberger Katechismus geantwortet: "Das ist mein einziger Trost, dass ich mit Leib und Seele, im Leben und im Sterben nicht mein, sondern meines getreuen Heilandes Jesu Christi eigen bin."

Elsas Leidenszeit ist seit Jahren vollendet. Das Land, nach dem sie sich mit zunehmender Schwäche immer mehr gesehnt hatte, war weder auf ihrer noch auf irgendeiner andern Landkarte verzeichnet. Aber ich zweifle nicht daran, dass sie es gefunden hat. Besonders lieb war ihr das Bibelwort aus der Isaakgeschichte geworden: "Haltet mich nicht auf, denn der Herr hat Gnade zu meiner Reise gegeben." Für ihr Grab hatte sie sich ein einfaches Holzkreuz gewünscht. Sie habe auf ihrem Lebensweg genug schwere Steine getragen, meinte sie, ihr Grab solle deshalb von keinem Stein mehr beschwert werden. Dieser letzte Wunsch wurde von ihren Angehörigen verstanden und erfüllt. Das Holzkreuz mit ihrem Namen ist unterdessen verwittert. Frisch und klar hingegen steht ihre Frage vor mir: "Wem körsch?"

Vom Zehnten

Das Mietshaus, in dem die altledige Lydia wohnte, hatte schon bessere Tage gesehen. Da war seit Jahrzehnten kein Nagel eingeschlagen worden. Ausserdem stand es hart an der Strasse, die damals noch den gesamten Verkehr von Zürich nach Chur aufzunehmen hatte. Hauptsache, dass die Wohnung billig war. Das war unerlässlich, denn Lydia lebte ausschliesslich von der Minimalrente der AHV. Umso willkommener war der monatliche Zustupf, den ich ihr überbringen konnte: 40 Franken der Stiftung "Für das Alter". Solche direkt und persönlich überbrachten Zahlungen waren damals nicht nur bei karitativen Organisationen, sondern auch in Büroetagen und Lehrerzimmern bei der Ausrichtung der Monatsgehälter üblich.

Als ich Lydia den ihr zustehenden Betrag zum erstenmal brachte, bat sie mich, ob ich ihr nicht einen Teil in kleineren Münzen ausbezahlen könne. Ein Blick in mein Portemonnaie belehrte mich, dass dem nichts im Wege stand. Doch was bezweckte sie mit ihrem Wunsch? Sie nahm zwei Zweifränkler und liess sie in ein besonderes Kässeli fallen. Ich legte meiner Neugier keine Zügel an und fragte sie, wofür dieses Kässeli bestimmt sei. "Das ist ein Notkässeli", erklärte mir Lydia. "Spare in der Zeit, so hast du in der Not", so deutete ich ihre Handlungsweise. Aber ich hatte mich verrechnet. "Wenn andere Menschen in Not sind, wird das Kässeli wieder leer", berichtigte mich Lydia. Sieh mal an! Sie machte das biblische Wort vom Zehnten zur Wirklichkeit. Lydia blieb für mich eine wundervolle Bestätigung der Wahrheit: "Reich ist nicht, wer viel hat, sondern wer viel gibt."

Das erinnert mich an die Bemerkung eines andern Gemeindemitglieds, das aus gesundheitlichen Gründen nicht mehr die Gottesdienste besuchen konnte. "Für solche Fälle sind ja die Radiogottesdienste da", tröstete ich sie. "Gewiss", erwiderte sie, "aber dabei fehlt mir halt etwas." – "Sicher die Mitfeiernden", mutmasste ich. "Nein", sagte sie, "ich meine die Kollektenbüchsen!"

So armselig wie die Wohnung von Lydia war der Hausrat darin. Doch ein Prunkstück gab es dennoch: Es war die in die Ecke gelehnte Gitarre. Diese war dazu bestimmt, die Danklieder zu begleiten, die Lydia von Zeit zu Zeit mit zittriger Stimme, doch festen Herzens anstimmte.

Geben können und danken können sind offensichtlich zwei Geschwister.

Konfirmandenreise

Konfirmandenreisen erfreuten sich Jahr für Jahr grösster Beliebtheit, vor allem in jener Zeit, als die Schule noch keine Sportwoche anbot. Doch aus dem Blickwinkel des Pfarrers sah es ziemlich anders aus. Was konnte da nicht alles Ungefreutes passieren!

War da nicht einmal der Telefonanruf eines erzürnten Landwirts, meine Konfirmanden hätten ihm Zwetschgen vom Baum geschüttelt? Wurden da nicht einmal, in Nachahmung von Uri Geller, alle Löffel in der Küche verbogen? Vergriff sich da nicht einer – natürlich unter Kostenfolgen für seinen Vater – am Feuerlöscher? Wurde da nicht von einer Gruppe, die sich vorgenommen hatte, nicht zu schlafen, morgens um halb sechs ein grosses Feuer vor der Unterkunft entfacht? Und fragte da nicht ein Mädchen in aller Unschuld, weshalb eigentlich Jungen und Mädchen in getrennten Räumen schlafen müssten?

In Anbetracht aller fatalen Möglichkeiten war es recht leichtsinnig von mir, allein mit 20 Jungen und 16 Mädchen für drei Tage ins Tessin zu reisen. Das Wetter war gut, die Stimmung war gut, und der See lockte zum Bade. Doch dann nahte die Nacht. Ich fühlte mich nicht zum Nachtwächter berufen und erklärte um zehn Uhr, bis zum Morgen habe ein jedes ruhig in seiner Unterkunft zu verharren. Wer in der Nacht das

Gelände der Heimstätte verlasse, habe anderntags unverzüglich die Heimreise anzutreten.

Die Nacht schien gut überstanden zu sein – mit Betonung auf "schien". Die Heimleitung informierte mich nämlich, eine Gruppe meiner Konfirmanden habe sich entfernt und sei erst zu später Nachtstunde wieder heimgekehrt. Ich war mehr traurig als wütend. Doch nun musste ich handeln, schon in Rücksicht auf die Heimleitung.

Die Konsequenzen solchen Treibens hatte ich allen klar vor Augen gestellt. Was, wenn ich nun nicht Wort hielte? Wie sollte ich dann die nächsten Reisen über die Runden bringen? Doch warum auch hatte ich keine andere Strafe angedroht – einen Gewaltmarsch oder dergleichen? Aber dazu fehlte mir nun eben eine Hilfsleitung. Die angedrohte Strafe schien nun, wo sie zu vollziehen war, doch unverhältnismässig hart.

Die fünf Sünder gaben ihre Übertretung ohne viel Federlesens zu. Sie rechneten offenbar doch nicht mit dem, was ich ihnen nun eröffnete: Hier sei das Reisegeld, und sie hätten mit dem nächsten Zug die Heimreise anzutreten. Sie waren so sehr bestürzt, dass sie mir von Herzen leid taten. Hätten sie mir doch einen brauchbaren und von den andern akzeptierten Gegenvorschlag gemacht! Sie konnten nicht ahnen, wieviel Kraft es mich kostete, hart zu sein. Ich litt vielleicht mehr als sie. Später vernahm ich dann von elterlicher Seite, die "Delinquenten" hätten die Heimreise recht gemütlich genommen und seien erst in der Stille des späten Abends heimgekehrt.

Einen Erfolg hatte das Geschehene: Für die nächsten Konfirmandenreisen brauchte ich mir bezüglich

der Nächte keine allzugrossen Sorgen zu machen. Man wusste nun Bescheid. Aber da ist noch etwas zu vermerken: Die fünf Ausreisser, die es erwischt hatte, erwiesen sich später als keineswegs schwieriger und problematischer als andere auch. Im Gegenteil: Ihr Rädelsführer glänzte bei einer Theateraufführung unserer damaligen "Jungen Kirche" mit seiner schauspielerischen Leistung.

Der Ausspruch Gottfried Kellers schien sich wieder einmal zu bestätigen: "Wer keine Laternen einwirft, der zündet auch keine an." Doch das hätte ich eigentlich schon vor jener Reise in meine Überlegungen und Dispositionen einbeziehen müssen.

Sigismund

Sigismund war der geborene Kellner. Doch eine Kellnerexistenz verpflichtet. Zum Beispiel zu tadelloser Erscheinung, zu der auch die körperliche Sauberkeit gehört. Das Logis, das er damals bewohnte, bot ihm dazu keine günstigen Voraussetzungen. Es stand ihm nämlich dort kein Badezimmer zur Verfügung.

Und so trat Sigismund denn mit der Bitte an uns heran, ob er nicht hie und da bei uns duschen könnte. Wir hätten ihn freilich an die öffentliche Dusche im Schulhaus verweisen können. Aber es hatte sich zu jenem Zeitpunkt bereits eine Art Vertrauensverhältnis zwischen ihm und uns herausgebildet. Zudem musste doch, so dachten wir, die Grosszügigkeit, mit der die Kirchgemeinde einst zwei Badezimmer im Pfarrhaus hatte einrichten lassen, auch unsrerseits honoriert werden. Und so trat denn Sigismund zu seinem zirka halbstündigen Rauschen und Spritzen in unserer Dusche an. Das Treppenhaus war noch lange erfüllt von seinem wohlriechenden Abgang.

Sigismund wechselte seine Stelle ziemlich oft. Eventuelle finanzielle Lücken, die sich daraus ergaben, überbrückte jeweils die Fürsorge; denn Geld hatte Sigismund eigentlich nie. Er wechselte auch oft seine Liebespartnerinnen. Eine gewisse Flatterhaftigkeit in seinem Wesen war nicht zu übersehen.

Doch damals begann gerade die Sache mit Natascha. Natascha und ihr Mann waren einst während des Krieges aus dem Osten in ihre Glarner Heimatgemeinde zurückgeflüchtet. Sie besassen ein Häuschen, und da die älteren Kinder ausgeflogen waren, hatten sie ein Zimmer frei. Dieses Zimmer wurde an Sigismund vermietet. Bald war er im Hause Nataschas nicht nur ein Untermieter, sondern weit mehr. Nataschas Mann fristete nur noch ein Schattendasein. Sigismund konnte es fortan mit dem beruflichen Engagement leichter nehmen. Denn Natascha liess es ihm an nichts fehlen.

Doch dann begann Natascha leidend zu werden. Eine unheilbare Krankheit zerfrass mit beängstigender Schnelligkeit ihren Körper. Ausgerechnet in dieser schweren Zeit schied, aus welchen Gründen auch immer, Nataschas Mann aus dem Leben. Nun wäre eigentlich für den Rest von Nataschas Leben nur noch ein Spitalaufenthalt in Frage gekommen. Doch dagegen erhob nun ausgerechnet Sigismund energischen Einspruch. Statt sich davonzustehlen, machte er es sich zur Pflicht, Natascha zu pflegen.

Er wich nicht mehr von ihrer Seite. Er passte seine Kochkunst ihrer abnehmenden Fähigkeit zu essen fortlaufend an. Er überwachte die Einnahme ihrer Medikamente. Er wusch sie. Er brachte ihr die Toilettenschüssel ins Bett und putzte ihren Hintern. Er verzichtete ihretwegen auf eine ungestörte Nachtruhe. Er betete mit, wenn ich mit ihr betete. Er war in seiner Krankenpflege ebenso gewissenhaft wie unermüdlich. Zu retten war Natascha sowieso nicht mehr, also sollte sie zuhause sterben können. Sigismunds Werk brach erst ab mit Nataschas Tod. Wer hätte ihm, dem Leichtfertigen, eine solche Hingabe zugetraut?

Nachdem alles vorüber war, blieb Sigismund noch eine letzte Aufgabe. Es galt, für Nataschas Katze einen neuen Platz zu suchen. Er brachte sie ins Pfarrhaus. Aber unsere eigenen Katzen bereiteten dem schüchternen Gast einen so feindseligen Empfang, dass Sigismund, nachdem er seine Schutzbefohlene von einem Vorhang heruntergeholt hatte, einsah, dass er eine andere Lösung suchen musste. Wir verschafften ihm, in Anerkennung seines barmherzigen Werkes, einige Ferientage im Tessin. Bald danach verschwand er aus unserer Gegend und unseren Augen.

Wie auch Sigismunds Lebensführung gewesen sein mag – ich zweifle nicht daran, dass seine liebevolle und opferbereite Krankenpflege vor der höchsten Instanz für ihn zeugen wird.

Predigt mit Folgen

Liseli war geistig beschränkt, körperlich verwachsen und in ihrem Verhalten etwas gestört. Eine Arbeit vermochte sie nicht zu versehen, aber sie konnte schreiben und sich mündlich normal ausdrücken. Doch wo sie ging und blieb, fiel sie auf. Ihre Pflegeeltern bemühten sich auf der einen Seite rührend um sie, auf der andern Seite mussten sie sich manchmal Luft verschaffen mit Klagen darüber, wie mühsam es mit Liseli sei. Es kam zu Szenen, deren Lautstärke die Nachbarn aufhorchen liess.

Eines Tages riefen die Pflegeeltern völlig fassungslos nach mir: Liseli war nicht mehr da! Sie war durch behördliche Verfügung umgehend in das Pflegeheim ihrer fernen Heimatgemeinde verbracht worden. Ich war bestürzt: Wie hatte es dazu kommen können? Liseli war meines Wissens doch gar nicht bevormundet. Getan hatte sie weder Unerlaubtes noch Gefährliches. Das Vorspiel zu dieser Nacht- und Nebelaktion blieb für mich im dunkeln. Sicher hielt man die getroffene Massnahme als für alle Teile das Beste. Ich aber war überzeugt, dass dies weder für Liseli noch für ihre Pflegeeltern zutraf und dass Liseli Unrecht geschehen war.

Dieser Eindruck überwältigte mich so, dass ich in der nächsten Predigt das Geschehene in unmissverständlichen Worten anprangerte. Im nachhinein wurde mir wohl klar, dass ein diskretes Bemühen mehr Aussicht auf Erfolg gehabt hätte als ein öffentlicher Frontalangriff. Ich hatte, um Liseli zu entschuldigen, Amtspersonen beschuldigt, die das Richtige vorgekehrt zu haben meinten. Wie dem auch sei – ich hatte in ein Wespennest gestochen. Statt über Liselis Geschick war man über mich empört. Die paar Sätze aus meiner Predigt hatten in kürzester Zeit die angesprochenen Behörden erreicht, obgleich niemand von ihnen meine Worte gehört hatte.

Ich erhielt eine strenge behördliche Rüge. Den Satz – von höchster Stelle unterschriftlich beglaubigt – kann ich heute noch auswendig: "Die Kritik einer behördlichen Massnahme im Rahmen einer Kanzelpredigt ist ein unverständlich-unschickliches Tun, selbst wenn sie materiell berechtigt wäre." Ein solches Urteil konnte ich nicht hinnehmen. Auch mir ging es in diesem Augenblick nicht mehr allein um Liseli, sondern um mein Predigtamt. Dieses ist an der Weise orientiert, in der Zwingli zu den politischen und sozialen Vorkommnissen seiner Zeit Stellung genommen hat – auch wenn ich mich ganz gewiss nicht mit Zwingli zusammenzählen will! Wo kam ich hin, wenn die politische Instanz mir vorschrieb, worüber ich zu predigen respektive nicht zu predigen hatte!

Ich wies die Massregelung zurück, entschuldigte mich aber für den Fall, dass ich ein Detail unzutreffend wiedergegeben oder jemanden mit meinen Ausführungen verletzt hatte. Doch das genügte noch nicht. Man erwartete von mir eine Erklärung des Inhalts, ich hätte nunmehr die Überzeugung gewonnen, dass die Behörden richtig gehandelt hätten und ich falsch. Daraufhin ging meine Antwort nach Glarus, ich hätte mich entschuldigt und einiges an meiner Stellungnahme revidiert; wie es hingegen mit meiner Überzeugung stehe, das stehe nicht zur Debatte, Gedanken seien auch hierzulande zollfrei.

Bei diesem Stand der Dinge blieb es. Sicher hatte ich mehr Geschirr zerschlagen, als nötig gewesen wäre. Aber es gibt hie und da Situationen, in denen eine innere Stimme unmissverständlich zu reden oder zu schweigen gebietet und wo man sich selber verachten müsste, wenn man ihr nicht folgte. Ob dies im Fall des Pfarrers nun von der Kanzel aus zu geschehen hat oder auf anderem Weg, bleibt eine Frage, die alle mit Gott und mit sich selber auszumachen haben.

Dazu noch zwei Nachworte: Ich kam über die Angelegenheit auch mit meinem damaligen Kirchgemeindepräsidenten zu reden. Er nun, persönlich ein sehr umsichtiger Mann, meinte, es sei besser, wenn ein Pfarrer vielleicht einmal zu viel sage, als wenn er immer wieder zu wenig sage. Daran suche ich mich bis zum heutigen Tag zu halten.

Und das andere: Liseli selber ist ob all dieser Auseinandersetzung nicht vergessen worden. Zurückholen liess sie sich freilich nicht mehr, ausser dann und wann für einen Ferienaufenthalt. Aber Jahr für Jahr geht von meiner Frau zu Weihnachten und zum Geburtstag ein kleines Geschenkpaket an Liseli. Und mit Sicherheit kommt von dort jedesmal ein Dankesgruss zurück, auch wenn ihn Liseli seit geraumer Zeit nicht mehr selber schreiben kann.

Tier und Mensch

In früheren Jahren wurden die Radioprediger einfach von ihren Kirchen delegiert, ohne dass sie getestet oder auf irgendeine Weise geschult wurden. Als die Ehre, über den Äther reden zu dürfen, an mich kam, hatte ich mich am entsprechenden Sonntag einfach im Studio einzufinden; denn die Radiopredigt wurde direkt gesendet mitsamt den wohl nicht zu überhörenden Anzeichen der Aufregung.

Zu meiner Überraschung wurde mir nach gehabter Mühewaltung gleich am Ausgang das Honorar von 100 Franken ausbezahlt. Das reichte damals für ein gehobenes Familienmittagessen im Restaurant. Und so nahm ich bei der nächsten Radiopredigt Frau und Kinder gleich mit. Vom Honorar, das ich wieder zugut hatte, wollten wir anschliessend angemessen essen gehen.

Aber o weh! Dieses Mal hiess es am Ausgang, man werde mir dann das Honorar zusenden. Diese Möglichkeit hatte ich leider so wenig eingerechnet, dass ich zuhause mein Portemonnaie nicht nachgefüllt hatte. Kreditkarten waren damals noch unbekannt. Arme Familie! Statt des erhofften reichhaltigen Menüs musste es den Umständen entsprechend bei Schüblig oder Wienerli oder dergleichen bleiben. Nicht einmal der Durst konnte an jenem Sommertag richtig gelöscht werden. Bei der nächstfolgenden Radiopredigt blieb die Familie lieber wieder zuhause.

Dann kam die vierte und letzte Radiopredigt. Es war mir dabei nicht ganz geheuer. Ich hatte mich nämlich darauf vorbereitet, über das Verhältnis von Mensch und Tier zu reden. Würden nun Kranke und Bekümmerte vergeblich auf eine tröstende Botschaft warten? Der Montag und die darauffolgenden Tage brachten mir dann die Quittung für mein gewagtes Unterfangen. Es regnete Karten, Briefe und Telefonanrufe. Endlich, endlich, so hiess es immer wieder, habe es jemand von der Kirche gewagt, die Tiere ernst und wichtig zu nehmen und über sie nicht herablassend, sondern partnerschaftlich zu reden.

Ich erinnerte mich an eine Bemerkung Albert Schweitzers, die christlichen Denker seien immer peinlich darauf bedacht gewesen, dass ihnen in ihrer Ethik nur ja keine Tiere herumliefen. Entsprechend waren auch die Folgen bis hinein in unsere Rechtssprechung, in der das Tier als eine blosse Sache gilt. Das Tier war ausschliesslich für den Menschen da; dass unter gewissen Umständen auch einmal das Umgekehrte der Fall sein könnte, daran dachte kaum jemand. Die Forderung nach dem richtigen Glauben und der Ruf nach Bekehrung hatten das Verantwortungsgefühl für die Schöpfung, ihre Fauna und ihre Flora, fast vollständig verdrängt. Der "Ich-einzig-Wahn" des Menschen feierte fortlaufend seine Triumphe.

Mit Freuden konstatiere ich das Umdenken, das seither stattgefunden hat. Welche Bedeutung aber damals meinen Ausführungen zugemessen wurde, ist daran abzulesen, dass das Organ des Schweizerischen Naturschutzbundes und der "Tierschützer" die ganze Predigt abdruckten.

Den vielen Briefschreibern und -schreiberinnen von damals bleibe ich dankbar. Zum einen haben sie mich bestärkt, meine Gedanken und Bemühungen in dieser Richtung weiterzuführen. Zum andern lagen den Briefen zum Teil Geldbeträge bei, die mir ermöglichten, Tierschutzbemühungen zu unterstützen, die aber zum Teil auch mit dem ausdrücklichen Hinweis versehen waren, sie seien bestimmt für die Tiere, die zweifellos unser Pfarrhaus bevölkerten. Wir respektierten diese Bestimmung, und unsere Katzen – es waren damals gerade fünf – hatten gute Zeiten.

Jene Dankesbriefe fortzuwerfen habe ich bis heute nicht übers Herz gebracht. Sie sind Zeugnisse von einer Gemeinde ganz besonderer Art. Soviel Freundliches und Persönliches, Behutsames und Zärtliches, soviel an Kummer und Freude, an Weisheit und an einer köstlichen Prise Vernarrtheit liegt darin beschlossen.

Das Schwerere

Wer aufs Meer fährt, bete einmal; wer in den Krieg zieht, bete zweimal; wer heiratet, bete dreimal." Bei Trauungen habe ich mich oft auf dieses Sprichwort bezogen. Die Gedankenfolge "Ehe – zermürbender Krieg – stürmisches Meer" trifft den Sachverhalt leider nicht selten. Der Schmerz, wenn einer der beiden Ehegatten zu bestatten ist, erscheint mir oft weniger als Schmerz über den eingetretenen Verlust denn als Trauer über verpasste Gelegenheiten, die Gemeinschaft zu gestalten, über unerfüllte Erwartungen, über nicht gelebtes Leben. Darum lässt sich auch Trauer feststellen gerade in den Fällen, wo eher ein Aufatmen zu erwarten gewesen wäre.

Da war Olga mit ihrem Karl. Schon äusserlich waren sie auf der Schattenseite angesiedelt: Ihre Behausung war eine dumpfe, laute Wohnung. Olga war recht gesprächig, und der bevorzugte Gegenstand ihres Gesprächs war ihr Mann, "der wüescht Kärli", wie sie sagte. Um nicht nur als Anklägerin zu erscheinen, brachte sie einen Stock "Schmöckrosen" ins Pfarrhaus. Nachdem sie sich in der Stube niedergelassen hatte, wurde sie sehr anschaulich: "So grob ist er mit mir, grausam behandelt er mich, sehen Sie nur!" Und dann entblösste sie ihren Arm und zeigte blutunterlaufene Stellen: "Das hät er wider gmacht, er chlüübt mich immer!"

Nun ja, ein Kneifen, das solche Spuren hinterlässt, gehört wirklich nicht ins Repertoire eines vertretbaren ehelichen Umgangs. Wir mussten ihr vollkommen recht geben. Doch da sie selber keine Andeutungen machte, sie würde sich am liebsten von ihm trennen, enthielten auch wir uns entsprechender Bemerkungen. Zudem hätte ja der Gerechtigkeit halber auch Karl angehört werden müssen. Karl aber war in gleichem Mass schweigsam, als Olga beredt war. Wer weiss, vielleicht war sein Leidensdruck nicht kleiner als der ihrige.

Das Kneifen fand auf einmal ein Ende. Eine unheilbare Krankheit zeichnete Karl mit zunehmendem Verfall. Ich sehe ihn noch vor mir, wie er schicksalsergeben in seinem Bett lag. Die Grobheit war ihm offensichtlich abhanden gekommen und hatte einer stummen Traurigkeit Platz gemacht. Sein Leiden nahm seinen unausweichlichen Lauf.

Irgendwann nach der Beerdigung stand Olga wieder vor unserer Haustüre. Wenn wir erwartet hatten, sie in ausgeglichener Stimmung anzutreffen, weil ihr Plagegeist für immer ausgeschaltet war, so hatten wir uns gründlich geirrt. Olga begann krampfhaft zu weinen, und aus dem Weinen vernahmen wir die unerwartete Feststellung: "Es isch halt eeländ schwäär so elei – nüd emaal mi jasse chani mit em!"

Ich darf ausschliessen, dass Olga je Kurt Tucholsky gelesen hatte. Tucholsky nämlich hat ein sehr anschauliches Gedicht verfasst mit dem Titel "Ehekrach". Und da lautet der Schluss, der bestimmt nicht auf jede Ehekrise und Ehenot, sicher aber auf die Situation von Olga zutrifft:

"Gebt Ruhe, ihr Guten, haltet still!
Jahre binden, auch wenn man nicht will.
Das ist schwer: ein Leben zu zwein.
Nur das ist noch schwerer: einsam sein."

Olga ist einige Zeit nach dem Tod ihres Karl umgezogen und unserer Aufmerksamkeit entschwunden. Geblieben hingegen sind uns ihre "Schmöckrosen". Sie sind im Laufe der Zeit zu einem stattlichen Pfingstrosenstock gediehen, der uns treulich Jahr um Jahr erfreut.

Vergesslichkeit

Ihre alte Mutter sei momentan bei ihr; es gehe ihr nicht gut, und sie wäre dankbar um den Besuch des Pfarrers. So lautete die telefonische Meldung von Afra. Ich käme sehr gern an einem der nächsten Tage vorbei, gab ich zur Antwort. Ich weiss nicht mehr, was mich jene nächsten Tage in Bann hielt. Sie dürften einfach voll von jenen hunderterlei wirklichen und vermeintlichen Verpflichtungen gewesen sein, die uns gefangenhalten wie ein Spinnennetz seine Beute.

Nach zehn Tagen meldete sich Afra wieder am Telefon. "Du liebe Zeit", fiel ich ihr sogleich ins Wort, "da habe ich doch den Besuch bei Ihrer Mutter glatt vergessen! Entschuldigen Sie bitte. Aber jetzt komme ich sofort." – "Das ist nicht mehr nötig", entgegnete Afra, "ich wollte Ihnen nur mitteilen, dass die Mutter gestorben ist, damit Sie sich nicht etwa umsonst herbemühen."

Ich weiss nicht mehr, welche törichten Ausreden mir in jenem Moment eingefallen sind. Ich weiss nur, dass da etwas geschehen oder eben nicht geschehen war, was niemals und durch nichts wieder gutzumachen war. Hätte Afra mir Vorwürfe gemacht, so wäre es mir irgendwie wohler gewesen. Aber sie tat es nicht. "Ich bin krank gewesen, und ihr habt mich nicht besucht...", sagte Jesus.

Es mögen seit damals wohl dreissig Jahre vergangen sein. Dass ich unverzeihlicherweise vergass, das wenigstens habe ich nicht vergessen.

Wie froh wäre ich, wenn es bei diesem einen Vergessen sein Bewenden gehabt hätte! Aber da waren jene beiden Trauerfamilien, die sich ein paar Tage nach der Bestattungsfeier auf dem Friedhof zur Urnenbeisetzung eingefunden hatten. Eine Urnenbeisetzung erfordert normalerweise keine Vorbereitung, da die Worte grösstenteils aus dem Liturgiebuch gelesen werden. Weil ich mich somit nicht vorgängig mit diesen Beisetzungen zu befassen hatte, waren sie meinem Gedächtnis entschwunden – bis in beiden Fällen ein Telefonanruf aus der Nachbarschaft des Friedhofs mich alarmierte. Wohl zwanzig Minuten hatten die Vergessenen auf mich gewartet. Im einen Fall war bitterkalter Winter, im andern Fall wartete die Witwe auf zwei Krücken gestützt. Glücklicherweise waren sie nicht einfach auseinandergelaufen, sondern hatten mir gerufen, und noch einmal glücklicherweise war ich zuhause.

Beerdigungen werden jeweils am Sonntag danach "abgekündigt". Vielleicht erscheinen dazu keine Angehörigen, möglicherweise ist aber auch die ganze Nachkommenschaft zu diesem Gottesdienst versammelt. Hält nun ein Vertreter diesen Gottesdienst, weiss er von nichts und ist auf die von mir bereitgelegten Notizen angewiesen. Was aber, wenn diese einfach fehlen? Hat der Vertreter keine Eingebung, um noch im letzten Augenblick eine Erkundigung einzuziehen, dann unterbleibt die Abkündigung.

Was Wunder, wenn die Angehörigen, die eben der Abkündigung wegen zur Kirche gekommen sind, nun

13

schwer brüskiert und gekränkt sind! Wie wenig kann da jede nachträgliche Entschuldigung gutmachen! Und die Versicherung, es sei bestimmt nicht mit Absicht geschehen, macht die Sache nicht besser.

Dass es Kollegen geben soll, die Taufen oder gar ganze Hochzeiten oder Beerdigungen vergessen haben, tröstet mich nicht im geringsten. Vergesslichkeit ist für viele eine lässliche Sünde. Mir ist sie eine schwere Last; denn ich habe Grund zur Annahme, dass man mir noch hunderte von Vergesslichkeiten ankreiden könnte. Für vergessene Vergesslichkeiten kann ich niemanden um Verzeihung bitten. Es bleibt mir nur, sie vor Gott zu tragen und bei ihm abzulegen. Das wenigstens bleibt mir sicher.

Abels Nachkommen

Mireille hat wieder an der Haustüre geklingelt, flankiert von dreien ihrer Kinder. Die anderen drei – so sagt sie wenigstens – sind bei ihrem Mann im Wohnwagen geblieben. Ich muss all mein Französisch zusammenkratzen, um Mireilles lebhaften Ausführungen zu folgen. Sie berichtet etwas von der längst fälligen Autoversicherung, ohne deren Begleichung sie ihrem Gewerbe nicht nachgehen könnten. Sie hält mir weitere fällige Rechnungen unter die Augen. Sie deutet auf ihre Kinder, die die Worte ihrer Mutter mit Kopfnicken bestätigen. Und dann nimmt sie all ihren durchaus vorhandenen Charme zusammen, um mir klarzumachen, was für ein guter Mensch ich sei, der ihr unmöglich die 300 Franken, die sie ganz dringend brauche, versagen könne.

Ob ihre Geschichten stimmen – sie variieren natürlich von Mal zu Mal –, ist für mich eigentlich unwesentlich. Denn die Geschichte der Fahrenden im allgemeinen, diejenige der Jenischen in der Schweiz im besonderen ist für mich Beweggrund genug, sie niemals mit ganz leeren Händen von unserer Haustüre fortzuschicken.

Die Anfänge dieser Geschichte sind eigentlich schon in der Bibel aufzuspüren. "Abel ward ein Schäfer, Kain aber ward ein Ackerbauer." So steht es im 4. Kapitel des 1. Buches Mose. Kain und Abel widerspiegeln zwei Grundformen menschlicher Existenz: Da ist auf der einen Seite die Gebundenheit an bebauten und umgrenzten Boden, auf der andern Seite das Umherschweifen von einem Weideplatz zum andern. Wir kennen den Ausgang jener Geschichte: Kain erschlägt Abel.

In dieser Geschichte spiegelt sich ein Stück Menschheitsgeschichte: Die sesshaften Ackerbauern entzogen den nomadisierenden Hirten immer mehr ihre Lebensgrundlagen. Die Sesshaftigkeit wurde nach und nach zur üblichen Lebensweise. Die Nomaden entwickelten sich dadurch zu einer randständigen Minderheit.

Der Ansässige empfindet die nomadisierende Lebensweise als unvertraut, ja bedrohlich, das Fehlen eines festen Wohnsitzes als liederlich. Darum heisst fahrend leben immer auch besonders gefährdet leben. Für die Schweiz führt das Historisch-Biographische Lexikon über die Fahrenden aus: “Gewöhnlich waren sie verabscheuungswürdigen Misshandlungen ausgesetzt. Die dümmsten und ungeheuerlichsten Anklagen wurden gegen sie erhoben.” Das traurige Schicksal der “Kinder der Landstrasse” ist dafür nur eine Bestätigung. Im Sprachgebrauch der Ämter gilt “Vagantismus” als unehrenhaft, im Sprachgebrauch der Psychologen ist “Poriomanie” – Wandertrieb – eine Krankheit.

Ich verfalle nicht dem Fehler, die Fahrenden mit dem Ratschlag abzuspeisen, doch sesshaft zu werden. Das wäre, wie wenn man ihnen riete, sich eine andere Haut oder ein anderes Herz zuzulegen. Auf der andern Seite ist leicht einzusehen, dass es heutzutage nicht

mehr möglich ist, eine Familie mit den traditionellen Tätigkeiten der Fahrenden, mit Scherenschleifen, Korbmachen, Kesselflicken oder Hausieren durchzubringen. Das Auto wiederum ist für die Fahrenden unentbehrlich; zwei Pferde kämen jedenfalls nicht billiger.

Mireille und die Kinder warten. Vier fragende Augenpaare sind auf mich gerichtet. Ich kann die Lage der Bittsteller nicht verändern. Aber ich kann ihnen einen Tag der Erleichterung, einen Augenblick der Freude verschaffen. Und wo denn in Dorf oder Stadt sollen sie Verständnis und Zehrpfennig finden, wenn nicht an der Türe eines Pfarrhauses?

Mireille dankt überschwänglich für die 100 Franken, die ich ihr schliesslich aushändige. Auch jedes der Kinder muss sich bei mir bedanken. Mireille versteht ihr Handwerk: Sie hat 300 Franken verlangt, um wenigstens 100 zu bekommen. Hätte sie 100 verlangt, so hätte sie wohl mit 50 abziehen müssen.

Aufatmend ziehe ich mich in die behagliche Studierstube zurück. Aber die Umstellung auf meine Arbeit gelingt nur zögernd. Ist da nicht ein Pulsschlag in mir, der mich drängt, die Haustür von aussen zuzumachen und mich auch auf den Weg zu machen von irgendwo nach nirgendwo, an keinem Ort und doch an allen Orten zuhause, suchend, ohne finden zu wollen, verlangend, ohne haben zu wollen, gebunden nur ans Ungebundene? Fliesst am Ende auch ein ganz klein wenig vom Hirtenblut Abels in mir?

Kaspar

Kaspar war die Dienstfertigkeit und Zuverlässigkeit in Person. Die öffentlichen Arbeiten wie die privaten Aufträge, die man ihm gab, verrichtete er mit der gleichen Regelmässigkeit, mit der es bei ihm zuhause am Freitag Fidelisuppe und Apfelwähe gab. Ich bin nicht sicher, ob er jenen Liedanfang kannte, jedenfalls lebte er danach: "Üb immer Treu und Redlichkeit bis an dein kühles Grab, und weiche keinen Finger breit von Gottes Wegen ab."

Kaspar stammte aus sehr bescheidenen Verhältnissen. So war es nicht zu verwundern, dass eine äusserst schlichte Lebensführung und eine rigorose Sparsamkeit zu seinen Grundsätzen gehörten. Dass er seine Sparsamkeit durchbrach, um mir, als ich fern von zuhause kuren musste, zwei Nötchen in die Hand zu drücken – jeder Widerstand war zwecklos –, habe ich ihm hoch angerechnet.

Seine Grundsätze behielt er auch bei, als sich seine materielle Situation, nicht zuletzt dank einiger Erbschaften, entscheidend verbessert hatte. Er und seine Gattin trugen werktags nur alte, geflickte Gewänder. Das schwarze Gewand blieb für den Sonntag, der Frack für die hohen Feiertage reserviert.

Nicht lange nachdem Kaspar sich aus dem Erwerbsleben zurückgezogen hatte, begann seine Gattin zu kränkeln und verstarb innerhalb weniger Monate.

Das bedeutete für Kaspar eine Tragödie. Nun sass er Abend für Abend allein auf der Bank vor dem Haus. Weder Hund noch Katze noch Vogel waren da, um ihm Gesellschaft zu leisten. Gewiss, er konnte seine Nachkommen besuchen, aber der Betrieb bei ihnen war ihm zu lebhaft. Jetzt hätte doch die Möglichkeit bestanden, bewusst neue Gesellschaft zu suchen, auswärts essen zu gehen, sich für Reisen oder Ferien anzumelden und dabei vielleicht gar eine neue Begleiterin zu finden. Stattlich und gesund genug war er ja. Geld hatte er ebenfalls genug. Woran also sollte es fehlen?

Kaspar hatte zeitlebens nur gelernt, zum Geld Sorge zu tragen, nicht aber, es auszugeben. Er missgönnte niemandem etwas. Sich selbst gönnte er nichts: Er war stets streng mit sich selber. Gut zu sich zu sein – das vermochte er nicht. Er war darin geübt, sich den Lebensunterhalt zu sichern, nicht aber darin, wirklich zu leben. Er hatte, wohlverstanden in aller Korrektheit, viel für das Geld getan. Aber das Geld tat nun gar nichts für ihn. So blieb er in aller Wohlhabenheit arm. Und weil er auch seinen Stolz hatte, vermochte er seinen tiefsten Kummer niemandem anzuvertrauen, vielleicht nicht einmal sich selber einzugestehen. Gott hatte ihm nicht gegeben, wie es in Goethes "Torquato Tasso" heisst, "zu sagen, wie ich leide". Aus dem Sagen hätte ja am ehesten ein neues Tun wachsen können.

Dazu kam es jedoch nicht. Nur ein halbes Jahr nach dem Tod seiner Gattin entzog sich auch Kaspar diesem Erdenleben, mitten im Sommer, dessen Glanz er nicht mehr in sich aufzunehmen vermochte. Ich aber ging mit mir ins Gericht: Warum war es mir nicht gegeben gewesen, seine Not wahrzunehmen und mit ihm den Kampf dagegen aufzunehmen, ihm seine Trauer verarbeiten zu helfen? Und warum hatten wir ihn nie an unseren Tisch gebeten? Mit diesen unbeantworteten Fragen hatte ich fortan zu leben. Wir haben unseren Kaspar von Herzen bedauert und betrauert.

Apfelernte

Jeweils kurz vor Weihnachten war es da. Ich schreibe vom Birnbrot, das uns die liebenswerte Bäuerin Theresia Jahr für Jahr ins Haus bringen liess. Die Zutaten zu ihrem Birnbrot stammten zur Hauptsache aus ihrem eigenen Boden. An ihrer Gewohnheit, den ihr wichtigen Menschen ein Birnbrot zu schenken, hielt sie auch dann noch fest, als ihre Kräfte stark abgenommen hatten und die ärztliche Diagnose äusserst bedenklich war.

Eines Herbstes nun stand ich wieder vor der Aufgabe, einen Familiengottesdienst vorzubereiten. Was gab es an kindgemässen Möglichkeiten, die ich nicht schon ausprobiert hatte? In meine Ratlosigkeit trat auf einmal eine Vision: ein Korb voller Äpfel. Wie anschaulich liesse sich dabei reden vom Segen der Ernte, von der Frucht des Lebens, vom Apfel, der nicht weit vom Stamm fällt, von Haut und Kern – und davon, dass auch einmal der Wurm drin sein kann; vielleicht auch vom mühseligen Alltag der Landwirte.

Nun brauchte ich nur noch die Äpfel. Lag es nicht auf der Hand, dass ich nicht zum Grossverteiler ging, sondern an Theresia dachte? Ich machte sie mit meinem Projekt bekannt und bat sie, mir 10 bis 15 Kilo Äpfel zu verkaufen. Doch Theresia winkte energisch ab: Äpfel habe sie zwar, von Kaufen könne jedoch überhaupt keine Rede sein. Sie wolle der Kirche die

Äpfel schenken, vorausgesetzt, dass sie uns schön genug seien. Denn ihre Äpfel würden nicht gespritzt, und darum hätten sie allerlei Flecken. “Umso besser”, sagte ich. Würden sie sich so nicht besonders eignen als Gleichnis für die Menschen mit ihren äusseren und inneren Flecken und Runzeln? Der Handel, der ja nun eigentlich kein Handel war, wurde abgeschlossen.

Wunderschön glänzten die Äpfel, als ich sie am Vortag des Gottesdienstes abholte. “Ich habe sie eben alle abgerieben und poliert!” erklärte mir Theresia. Aber noch strahlender als auf den roten Backen der Äpfel lag der Glanz auf Theresias Gesicht, als sie mir ihr Stück Ernte übergab. So muss das Gesicht Hannas geglänzt haben, der Hanna, die ihren Knaben Samuel ins Heiligtum führte, und auch der Prophetin Hanna, die Gott pries, als die Eltern Jesu ihr Kind im Tempel zeigten.

Der Gottesdienst gelang. Am Schluss durften alle in den Korb langen und sich an einem Apfel gütlich tun, Erwachsene wie Kinder. Und dennoch fehlte etwas: Theresia selber war nicht da. Ein gesundheitlicher Rückfall hatte ihr die Teilnahme am Gottesdienst, die ihr stets so viel bedeutete, verunmöglicht. Aber sie war nicht der Mensch, der mit Gott zu hadern pflegte. Ihr Wunsch, doch wenigstens meine Worte nachlesen zu können, war gut und gern zu erfüllen.

Nicht lange danach ging ihr in Freude und Leid zu voller Reife gelangtes Leben zu Ende. Ich aber werde nicht aufhören, Theresia zu vermissen – nicht wegen des Birnbrotes, wohl aber wegen des grossen Glanzes auf ihrem Gesicht.

Abschiedsgespräch

Balz war Fabrikarbeiter gewesen. Er gehörte zu der grossen Schar derjenigen, die keiner gefragt hatte, was sie denn einmal werden wollten, und die auch keinen Berufsberater zu Gesicht bekommen hatten. Nur der schnellste Weg zum Geldverdienen war der richtige. So hatten es einst seine Eltern entschieden, die selber seufzten unter der Last des täglichen Lebensunterhalts. Was für Pläne, Visionen und Hoffnungen Balz in seinen Jugendjahren auch gehabt haben mag – es ging kaum etwas davon in Erfüllung. Das mag auch ein Grund dafür gewesen sein, dass Balz hie und da zu tief ins Glas schaute, was ihm aber von niemandem vorgehalten wurde, ausser vielleicht von seiner Frau.

Ich besuchte Balz, als er einige Jahre nach seiner Pensionierung krank und pflegebedürftig geworden war. Eine damals weitverbreitete Berufskrankheit hatte ein neues Opfer gefordert. Was sollte ich Balz sagen? Ich war etwas in Verlegenheit. Ein Kirchgänger war er nie gewesen. Und ich bin nun einmal nicht der Mann, der die Situation, in der jemand mir nicht ausweichen kann, dazu benützt, einen Bekehrungsangriff auf seine Seele zu führen. Konnte es überhaupt eine gemeinsame Sprache zwischen ihm und mir geben? Und abgesehen davon: Wusste er überhaupt, wie es um ihn stand?

Als ich noch nach Worten suchte, ergriff er auf einmal das Wort. Er, der anscheinend Ungebildete, zitierte:

“In den Ozean schifft mit tausend Masten der Jüngling; still auf gerettetem Boot treibt in den Hafen der Greis.”

Er war sichtlich erfreut, dass ich wusste, dass er Friedrich Schiller zitiert hatte. Und ich war noch mehr erfreut, dass ich nun auf einmal mein Stichwort hatte. Dieser Vers war offenbar seine Version von Luthers Seufzer auf dem Sterbebett: “Wir sind Bettler, das ist wahr.”

Damit bekannte sich Balz auf seine Weise dazu, dass er daran war, zurückzukehren zum Ursprung, heimzufinden in jene letzte Geborgenheit, die Gott den Seinen verheisst. Dass unser Abschiedsgespräch recht tiefgründig wurde, dazu trug er mit seinem Zitat mehr bei als ich.

Ich aber bin von da an noch vorsichtiger und behutsamer geworden in der Einschätzung eines Menschen. Darf man hinter der Vorderseite eines eintönigen und zermürbenden Alltagslebens nicht immer mit verborgenen Schätzen rechnen, die nur in besonderen Stunden sichtbar werden? Balz war mir in dieser Hinsicht mehr als ein Lehrstück, nämlich ein Lehrmeister.

Taxi!

Sie waren ein höchst ungleiches Paar. Aber gemeinsam ertragene Unbill und Widrigkeit hatten sie zusammengeschweisst. Babette war wesentlich älter als Melchior und zunehmend an das Haus gebunden. Es gab da ein besonderes Band zwischen dem Paar und uns: die gemeinsame Liebe zu den Katzen. Mit rührender Zuwendung umsorgte Babette ihr Tigerli und vernahm staunend, dass im Pfarrhaus mehrere Katzen ein- und ausgingen. Das sollte man sehen können! Aber der Gang ins Pfarrhaus war für Babette viel zu weit. Die Unkosten für ein Taxi passten nicht in ihr bescheidenes Budget, und ich besass damals noch kein Auto, um sie abholen zu können.

Aber Melchior wusste Rat. Bei anbrechender Dunkelheit klopfte es eines Tages an die Tür zum Sitzplatz beim Esszimmer. Meine Frau erschrak. Wozu war denn die Hausglocke da? Wir öffneten gemeinsam. Draussen stand Melchior. Aber er war nicht allein. Sein Leiterwagen stand auf dem Rasen, und aus dem Leiterwagen rief uns jemand zu. Babette war, mit Decken umwickelt, in den Leiterwagen gebettet; ihre Beine hingen über den Rand. Aber auch Babette war nicht allein. Da war etwas in ihre weisse Schürze gewickelt. Es war etwas Lebendiges. Ja, die Katze durfte mit auf Besuch! Es war nun klar, weshalb Melchior den mit einigen Stufen versehenen Weg zur Haustüre vermieden hatte.

Und so sassen schliesslich die drei, Melchior, Babette und die Katze, auf unserem Kanapee. Unsere Buben bestaunten den ungewohnten Besuch. Meine Frau bewunderte das schöne Tigerli, und das Paar konnte zwei von unseren Katzen begutachten. Schliesslich chauffierte Melchior seine Passagiere wieder nach Hause. Es blieb nicht ihr einziger Besuch, wohl aber blieb Babette der einzige Mensch, der uns per Leiterwagen zugeführt wurde. Waren Melchiors Bemühungen nicht ein rührender Liebesbeweis?

Dann wurde Babette ernsthaft krank. Eines Morgens, früh vor sechs Uhr, läutete das Telefon Sturm. Melchior war am Apparat, und zwar in grosser Aufregung: "Schnell – meine Frau – das Abendmahl..." Am Bett von Babette stellte ich fest, dass das Telefon nicht nur mich hergerufen hatte. Denn ich traf mit dem Arzt zusammen, er mit Köfferchen, ich mit Mappe. Babette konnte die Genugtuung, Arzt und Pfarrer gleichzeitig an ihrem Krankenlager zu haben, kaum verbergen. Es tat ihr sichtlich gut. Jedenfalls haben unsere koordinierten Bemühungen sie noch einmal über den Berg gebracht.

Doch eines Tages, mitten im Sommer, liess sie Melchior als Witwer zurück. Nur wenige Jahre später starb auch er. Niemand war Zeuge seiner letzten Stunden. Eine gütige Hausbewohnerin indessen hatte ihm einen Kuchen vor die Wohnungstür gestellt. Es musste auffallen, dass der Kuchen auch am nächsten und am übernächsten Tag nicht hereingenommen worden war. Er wurde die Spur zum toten Melchior in der Wohnung.

Melchior und Babette leben nicht nur in unserer Erinnerung. Sie leben auch in der Pflanze, die Mel-

chior uns gebracht hat, als die beiden daran waren, aus ihrem Häuschen in eine Wohnung umzuziehen. Die Pflanze mit ihren grossen, sattgrünen Blättern hat sich im Garten üppig entwickelt – üppiger, als es dem Leben von Melchior und Babette vergönnt gewesen ist. Aber niemanden ausser uns wird sie an die beiden und ihre so originelle Taxifahrt erinnern.

Holderlikör

Es ist hier so ziemlich ausser Brauch gekommen, teils infolge der Zeitläufe, teils auch durch das Bestehen des Altersheims mit seinen regelmässigen Feiern. Ich schreibe vom Haus- und Krankenabendmahl, das ich jeweils an Weihnachten und Karfreitag verteilte. Bevor ich motorisiert war, hat mich dabei ein liebenswürdiger Kirchgenosse mit seinem Auto von Adresse zu Adresse geführt.

War ich mit dem Hausabendmahl zu Ende gekommen, so stellte sich jedesmal die praktische Frage: Was sollte mit dem im Becher noch vorhandenen Wein geschehen? Ihn in die Flasche zurückzuleeren war doch wohl nicht das richtige. Deshalb überliess ich die Lösung jeweils den Hausgenossen.

Kurzen Prozess machte in diesem Fall der Mann der bettlägerigen Anna. Während ich ihr das Abendmahl reichte, war er in der Küche verschwunden. Nach Schluss der stillen Feier jedoch trat er in die Stube, und auf meine Bitte, den restlichen Wein wegzugiessen, stellte er sich breitbeinig in die Stube und trank "ex". Myrtha hingegen hatte jeweils ein Glas parat, in das ich den Rest des Weines zu giessen hatte. Sie würde ihn dann als Abendtrunk zu sich nehmen, erklärte sie mit einem unnachahmlichen Lächeln. Ich sorgte dann meistens dafür, dass ihr Glas auch voll wurde.

Doch nun zur Abendmahlsfeier mit der betagten Gret. Ihre Tochter hatte mich angerufen mitten in einer gewöhnlichen Woche. Der Mutter gehe es nicht gut, sie wünsche das Abendmahl, erklärte sie mir. Ich sagte zu, sofort zu kommen, begab mich in den Keller und holte ein Zweidezifläschchen Veltliner herauf, schnitt das Brot zurecht, wickelte Brot und Becher in eine Serviette und fuhr los.

Und so sassen wir denn am Tisch, die alte Gret, ihre Tochter und ich. Ich legte die Brotstücklein auf und goss den Wein in den Becher. Und da durchfuhr mich ein Schreck: Was war das für ein Wein, der da so schwärzlich und schwer in den Becher rann? Ich roch daran. Kein Zweifel: Ich hatte versehentlich von jenem Holderlikör mitgenommen, den meine Frau vom Holderstrauch im Garten hergestellt und als "Pfaffengärtners Holderperle" zu Weihnachten verschenkt hatte. Die Veltineretikette hatte mich getäuscht.

Eine Erklärung war fällig: "Mir ist leider eine dumme Verwechslung passiert. Ich habe Holderlikör mitgenommen statt Wein. Haben Sie Wein oder Traubensaft im Haus?" Meine Frage wurde zu meiner Überraschung verneint. "Dann gibt es zwei Möglichkeiten", schlug ich vor, "entweder gehe ich nochmals nach Hause und hole Wein, oder…" Da fiel mir die Tochter ins Wort: "…dann feiern wir doch mit dem Holderlikör!" – "Holder ist gesund", bekräftigte die Mutter. Und so feierte ich denn mein erstes Abendmahl mit Holderlikör. Die beiden Frauen waren höchst zufrieden. Die alte Gret lebte noch viele Wochen. Holder ist eben gesund… Und so liess ich denn auch das Fläschchen den beiden Frauen da.

In unerwarteter Weise hatte es sich erwiesen, dass nicht die Materie, nicht die Beschaffenheit der Abendmahlselemente, sondern vielmehr der Geist, die Vorstellung und die Einstellung, Sinn und Segen des Abendmahls ausmachen. Eine Wiederholung eines solchen Abendmahls ist allerdings nicht in Sicht. Denn das Recht, das Abendmahl anderswie zu feiern als mit Brot und Rebensaft, besteht nur, wenn es der Not gehorchend oder eben unbeabsichtigt geschieht. Zudem findet bei uns keine Produktion von Holderlikör mehr statt.

Keinerlei Komik, dafür aber umsomehr Tiefe haftete jenem Abendmahl an, zu dem mich Frau Erika rief. Ihr Anruf kam aus dem Spital, und ihre Stimme bebte vor Aufregung. Ihr Mann – er werde den heutigen Tag kaum überleben, und sie beide wünschten sich das Abendmahl. In mir erwachte ein bedenkliches "Ja, aber...". Die beiden hatten einander nicht nur mehr zuleide als zuliebe gelebt, sie waren zudem – wenn auch nicht gerichtlich, so doch faktisch – getrennt. Verwundert, aber umgehend willfahrte ich ihrem Wunsch. Erika wartete bereits vor der Türe des Krankenzimmers: "Er isst schon lange nichts mehr; ich weiss nicht, ob er das Abendmahl schlucken kann." Ich erklärte ihr, der Wille zähle in diesem Fall mehr als das Werk.

Und dann sassen wir zu zweit am Bett von Ernst, dessen Augen tief in die Höhlen gesunken waren und der kaum noch ein Wort hervorbrachte. Als ich mit meiner Liturgie begann, füllten sich beider Augen mit Tränen. Ihre Blicke hingen an meinen Lippen. Selten sind mir die Jesusworte "Für uns vergossen zur Vergebung der Sünden..." so beschenkend und befreiend vorgekommen wie in jener heiligen Viertelstunde.

Als ich ging, hielt Erika Ernsts Hand. Sie blieb bei ihm, bis er ausgelitten hatte. Das Sakrament hatte ihre Versöhnung besiegelt. Das Feiertägliche hatte die ganze klägliche Alltäglichkeit in sich aufgenommen und verwandelt.

Siebzehn Jahre

Hedwig hatte eine schwere Operation hinter sich. Ich stand vor der Türe ihres Spitalzimmers. Wie würde ich sie antreffen? Schlummernd oder stöhnend, gar froh, wenn der Besuch ihre angeschlagenen Kräfte möglichst kurz strapazierte? – Nichts von alledem. Hedwig lag strahlend in ihren Kissen. Sie dachte nicht daran, von ihren Leiden und ihrer Operation zu erzählen. Sie war von etwas Wichtigerem erfüllt.

"Denken Sie, diese Überraschung", begann sie mir zu berichten. "Schauen Sie dort auf dem Tisch die Clivia! 17 Jahre lang habe ich für sie getan, was man nur tun kann mit Wasser und Dünger und Licht. Aber nie hat sie es mir gedankt, nie in allen Jahren hat sie geblüht. Aber jetzt, ausgerechnet jetzt, wo ich im Spital liege, sind die ersten Blüten aufgegangen. Darum haben sie mir die Clivia von daheim hierher gebracht."

"Sie ist für Sie gerade jetzt wie ein Pfand Gottes, nicht wahr?" So ging ich auf ihre Freude ein. Mit tränenglänzenden Augen nickte sie. Auch 17 Jahre des Wartens bergen also eine Hoffnung.

Hedwigs Clivia ist mir immer wieder zu einem Gleichnis geworden. Zum Beispiel für Gertrud und ihre Tochter. Der Zeitraum, in welchem das Tischtuch zwischen den beiden zerschnitten blieb, mag kaum weniger lang gewesen sein. Gertrud war von ihrem Mann verlassen worden; ihren zarten Buben hatte sie durch ein qualvolles Leiden an den Tod verloren. Unter beidem litt sie unsäglich, was sich auch in eigenen körperlichen Leiden ausdrückte. Desto mehr hatte sie sich offenbar an ihre Tochter geklammert.

Doch diese suchte sich im Streben nach Selbständigkeit der Umklammerung schliesslich so zu entziehen, dass sie jeden Kontakt zu ihrer Mutter abbrach. Als die Mutter ihr einmal nachreiste, um sie nach Arbeitsschluss vor ihrem Geschäft zu treffen, schützte die Tochter eine wichtige Verabredung vor und enteilte. Ich versuchte, zu intervenieren und die Tochter darauf hinzuweisen, dass sie durch dieses radikale Verhalten noch mehr Leid auf ihre Mutter lade. Doch mein Brief blieb ohne jeden Eindruck und wurde scharf zurückgewiesen.

Die Mutter indessen gab in allem Elend die Hoffnung und das Gebet nie auf, dass die Tochter sich ihr wieder zuwende. Und nach vielen Jahren begann auch ihre Clivia zu blühen. Die Tochter schickte der Mutter auf einmal wieder ein Weihnachtsgeschenk, machte ihr einen Besuch, begann sie regelmässig anzurufen, liess sie auch wieder teilhaben an ihrem eigenen Wohl und Weh und nahm so das bittere Gefühl der Vereinsamung von ihr. Und als Gertruds langer und elender Todesweg begann, da konnte sie von Wochenende zu Wochenende auf den Besuch der Tochter hin leben.

Muss ich da nicht auch die Clivia von Charlotte erwähnen? Sie hatte an der Seite ihres mit sich selber unzufriedenen, oft polternden und oft auch betrunkenen Gatten Markus wenig gute Tage gehabt. Sie wusste manchmal selbst nicht, weshalb sie all die Jahre bei ihm ausgeharrt hatte. Doch es muss nicht bloss die Resignation, es muss auch eine Hoffnung gewesen sein, die sie erfüllte.

Markus wurde – es war nach 29jähriger Ehe – krank, schwerkrank, schliesslich todkrank. Und nun lebte Charlotte auf. Nicht etwa, weil sie sich darauf freute, von seiner Gegenwart bald befreit zu sein, o nein! Sie lebte auf, weil er sie endlich wirklich brauchte. Wieder bewährte sich Marie von Ebner-Eschenbachs Erkenntnis: "Die Menschen, denen wir eine Stütze sind, geben uns den Halt im Leben."

Charlotte pflegte Markus mit grosser Hingabe, las ihm jeden Wunsch von den Lippen ab, ersparte ihm den Spitalaufenthalt. Dabei erlebte sie, wie dankbar er war, spürte seine stille Abbitte, vernahm gar seinen Trost im Hinblick auf ihre kommende Witwenschaft. Die gegenseitig neubelebten Gefühle liessen dieses letzte Ehejahr zum reifsten und besten werden. Die Clivia hatte endlich geblüht.

Zusammenhänge

Sechs Jahre lang war ich Präsident der "Evangelischen Hilfsgesellschaft des Kantons Glarus". Ihre Anfänge fielen schon in die Zeit nach dem Bau des Linthkanals und in die Jahre voller Not und Elend nach den Napoleonischen Kriegen. Heute verwaltet die Gesellschaft vor allem die "Linthkolonie", ein modernes Schulheim für Kinder aus schwierigen familiären Verhältnissen.

Ich kann leider nicht sagen, dass diese Tätigkeit zu meinen schönsten Erinnerungen gehört. Da war zu überlegen, was mit den jährlichen Defiziten zu geschehen hatte; da waren zähe Verhandlungen zu führen über Bodenverkäufe; da galt es, sich mit Bund, Kanton und SBB zu verständigen über den Bau der N3, die das äussere Idyll des Knabenheims empfindlich zu stören drohte, und über die dadurch nötigen Strassenverlegungen; da waren Meinungsverschiedenheiten zwischen Heimleitung und landwirtschaftlicher Leitung zu schlichten; da galt es, zu befinden über den Zustand der Gebäude; da war unter einigen Dutzend Anwärtern der geeignetste Pächter auszuwählen – lauter Angelegenheiten, bei denen frühere Präsidenten, vorwiegend namhafte Politiker, sicher eine leichtere Hand und ein machtvolleres Wort gehabt hatten. Ich begann mich denn auch immer mehr zu fragen, warum ich mich überhaupt auf all das eingelassen hatte.

Doch dann machte ich eine völlig unerwartete Entdeckung: Seit jeher wurden im Heim sogenannte "Zöglingsbücher" geführt, in denen sich die Namen, Daten und sonstige kurze Bemerkungen über die Heimknaben fanden. Unter dem Siegel der beruflichen Verschwiegenheit durfte ich mich in diesen Zöglingsbüchern ein wenig umsehen. Da blieb meine Aufmerksamkeit an einem Namen und zwei Jahreszahlen haften. Das war doch nicht möglich! Das war doch nicht etwa...? Meine Entdeckung entpuppte sich plötzlich als Teil meiner eigenen Familiengeschichte.

Einer meiner Vorfahren, der schon vor meiner Geburt gestorben war, war durch eine kurze aussereheliche Beziehung Vater eines weiteren Kindes geworden. Er scheint sich indessen wenig oder gar nicht um dieses Kind gekümmert und es auch vor der eigenen Familie zeit seines Lebens geheimgehalten zu haben. Jedenfalls wusste sich die ledige Mutter in ihren grossen Schwierigkeiten nicht anders zu helfen, als ihr Kind der Linthkolonie anzuvertrauen. Ihr Vertrauen wurde nicht enttäuscht. In der Atmosphäre der Linthkolonie entfaltete der Knabe derartige Begabungen, dass er dank der Weitsicht der Heimleitung nicht nur die Sekundarschule Niederurnen, sondern anschliessend auch das Lehrerseminar Schiers besuchen konnte. In einem Juradorf gab der Lehrer seine Gaben an viele Generationen von Schülern weiter und erwarb sich darüber hinaus als grosser Naturbeobachter, der auch am Radio zu vernehmen war, einen guten Ruf. Als ich seinen Namen im Zöglingsbuch las, war er leider bereits gestorben.

Seit dieser Entdeckung betrachtete ich die Aufgabe, die ich für die Linthkolonie übernommen hatte, mit andern Augen. Alles, was ich für die Linthkolonie zu tun hatte, selbst das Unangenehme und das Ärgerliche, konnte ich fortan ganz einfach aus Dankbarkeit tun – aus Dankbarkeit für das, was sie einst an meinem benachteiligten Verwandten getan hatte.

Wieviele solcher geheimnisvollen Zusammenhänge mag es doch geben! Dem schmalen Blickwinkel unseres eigenen Lebens wird jedoch immer nur ein kleiner Teil davon offenbar. Darum sagt Christian Fürchtegott Gellert im Blick auf die künftige Welt, die auf uns wartet:

"Da werd' ich das im Licht erkennen,
Was ich auf Erden dunkel sah,
Das wunderbar und heilig nennen,
Was unerforschlich hier geschah.
Da denkt mein Geist mit Preis und Dank
Die Schickung im Zusammenhang."

Macht der Fama

Die Schar füllte das ganze Krankenzimmer aus. Es waren lauter Neukonfirmierte, die ich zu meinem grossen Leidwesen nicht selber hatte konfirmieren können. Denn ich war zu einer längeren Kur nach Braunwald verbannt. Nun also waren sie bei mir und hatten auch ein ansehnliches Geschenkpaket mitgebracht. Ich öffnete. Über ein Dutzend Nussgipfel begannen ihren Duft zu verbreiten. Die Konfirmierten schmunzelten. Sie waren offensichtlich davon überzeugt, mir das Geschenk gebracht zu haben, das mich am meisten freuen würde.

Ich weiss nicht, wie echt mein Dank wirkte. So gern ich nämlich Süssigkeiten verspeise – Nussgipfel haben mir nie etwas Besonderes bedeutet. So brachte ich denn, nachdem die lieben Besucher gegangen waren, den Grossteil des beträchtlichen Nussgipfelvorrats auf der ganzen Abteilung zur Verteilung. Doch die Fama, ich giere nach Nussgipfeln und sie seien der Höhepunkt meiner kulinarischen Freuden, hat die Jahrzehnte überdauert. Das lateinische Wort "fama" bedeutet Gerücht, Nachrede, Ruf, öffentliche Meinung, Meldung mit einem unbestimmbaren Prozentsatz an Wahrheit.

Wie es wohl zu dieser speziellen Fama kommen konnte? Das erste Jahrzehnt meiner Niederurner Zeit war ich auf das Velo angewiesen. Und so konnte es vor-

kommen, dass ich mir beim Bäcker einen Znüni besorgte, um diesen mangels Musse gleich auf dem Fahrrad zu verspeisen. Dazu eigneten sich Nussgipfel ihrer Beschaffenheit wegen besonders gut. Doch eine solche Essensart respektive -unart musste natürlich auffallen.

Irgendwann, als ich schon längst Auto fuhr, ist dann zu meiner Überraschung die Erzählung zu mir gedrungen, ich sei einmal – so meinen Nussgipfel essend – mit einer Mauer kollidiert und vom Velo gestürzt, aber mein Wichtigstes, eben den Nussgipfel, habe ich dabei vor dem Strassendreck retten können. Der anschauliche Bericht von diesem Vorgang war mir vollkommen neu. Ob da jemand fabulierenderweise ein paar Dinge kombiniert hat? Oder ob ich gar den Vorgang einfach aus meiner Erinnerung verdrängt habe?

Ich weiss es wirklich nicht. Tatsache bleibt, dass der Nussgipfel – klebrig, wie er ist – unausrottbar an meiner Niederurner Biographie klebt. Wieviele Familien haben doch in all den Jahren mir gegenüber den Nussgipfel zum Gipfel ihrer Gastfreundschaft gemacht! Eine Familie hat sich gar bemüht, mir zu Ehren die eigene Herstellung von Nussgipfeln zu versuchen. Bei zwei oder gar drei Gelegenheiten wurde mir ein von Fachleuten extra angefertigter Riesennussgipfel überreicht, dessen Inhalt dem imponierenden Aussehen jeweils durchaus entsprach. Erst kürzlich hat eine Braut dafür gesorgt, dass mir, während den übrigen Zuschauerinnen und Zuschauern Feuersteine verteilt wurden, ein Nussgipfel zugesteckt wurde.

Die Wahrheit ist meist scheu, bescheiden und verletzlich. Die Fama hingegen ist keck, selbstbewusst und robust. Es ist deshalb zwecklos, sie zu dementieren. Doch warum sollte ich es überhaupt tun? Der Nussgipfel wurde geradezu eine Art Pfand der persönlichen, leicht augenzwinkernden Verbundenheit zwischen Gemeinde und Pfarrer – und erst noch ein süsses Pfand.

Einzig in dieser übertragenen Bedeutung ist mir der Nussgipfel lieb geblieben. Wenn es sein muss, esse ich ihn auch, weniger mit Genuss und dafür mehr mit Andacht. Wieviel entgegenkommende Freundlichkeit, wieviel neckische Anhänglichkeit lieber Menschen bleiben für mich darin verkörpert!

Wie ich meine Kirche sehe

Mit Aufsätzen, Ausstellungen und Filmen ist 1990 des 100. Todestages zweier Künstler gedacht worden. Am 15. Juli 1890 ist Gottfried Keller, am 29. des gleichen Monats und Jahres Vincent van Gogh gestorben. Beiden ist gemeinsam, dass sie der reformierten Kirche angehörten. Und beides waren religiöse Naturen. Aber gerade die Art und Weise ihrer Religiosität hat ihnen die eigene Kirche fremd werden lassen.

Vincent van Gogh war eine Zeitlang Volksmissionar in den belgischen Kohlengruben. Mit einer heiligen Inbrunst hat er sich eingesetzt für die ihm anvertraute Herde, hat ihr Elend geteilt, hat Typhuskranke und Verunfallte gepflegt, vor deren Wunden er die "Vision des wiederauferstandenen Christus" hatte – und hat auch die Forderungen der Kumpel gegenüber der Grubenleitung vertreten.

Sein vorgesetztes Missionskomitee aber hat dies alles als "ärgerliche Übertreibung" abgelehnt und ihn schliesslich zum Leidwesen seiner Gemeinde abgesetzt. Seine religiöse Glut und sein sozialer Ernst hatten in der offiziellen Kirche keinen Platz, und so wandte er sich von ihr ab, nachdem sie sich von ihm abgewandt hatte. Und so wurde es denn auch möglich, dass der Höhepunkt seines künstlerischen Schaffens zugleich zum Tiefpunkt seiner Einsamkeit wurde.

Wie stand es in dieser Hinsicht mit Gottfried Keller? Die Art seines religiösen Empfindens mag aus der folgenden, unter dem Kapitel "Die Glaubensmühen" sich findenden Passage des "Grünen Heinrich" hervorgehen: "Wie sicher bin ich, dass die Vorsehung über mir geht gleich einem Stern am Himmel, der seinen Gang tut, ob ich nach ihm sehe oder nicht nach ihm sehe. Gott weiss, denn er ist allwissend, jeden Gedanken, der in meinem Inneren aufsteigt, er kennt den vorigen, aus dem er hervorging, und sieht den folgenden, in welchen er übergeht; er hat allen meinen Gedanken ihre Bahn gegeben, die ebenso unausweichlich ist wie die Bahn der Sterne und der Weg des Blutes."

Die Dogmen der Kirche allerdings hat Keller aufgrund eigener Kindheitserlebnisse als eine "gemachte Komödie" empfunden. Die äussere Erscheinungsform seiner Kirche hat er nicht erlebt wie ein gastliches Haus, sondern wie einen Käfig voller Bangigkeit. Darum hat er ihr auch ein bitterböses Denkmal gesetzt mit der Geschichte vom Meretlein, in der ein engstirniger, bornierter Pfarrer das natürliche und anziehende, aber ungebärdige Mädchen Meretlein psychisch und physisch zugrunde richtet.

Man könnte einwenden, Gestalten wie Vincent van Gogh oder Gottfried Keller müssten sowieso jedes Schema sprengen, das indessen für Normalbürger und Normalchristen durchaus tauglich und hilfreich sei. Aber hinter diesen beiden Namen verbergen sich viele andere – Künstler, Journalisten, Wissenschaftler, geistige Freischärler, gemütstiefe Zeitgenossen, autonome Frauen –, die die Kirche nur als ein Ghetto zu sehen vermögen. Müsste nicht gerade die Kirche Jesu Christi mehr als jede andere Institution “inklusiv” statt “exklusiv” sein, so dass auch ein van Gogh, auch ein Keller in ihr nicht nur einen geistig-seelischen Raum finden, sondern auch ihre einzigartigen Besonderheiten einbringen könnten?

Es müsste eine Kirche sein, die ihre Energien nicht im Streit um Glaubenstheorien verschwendet, sondern sie einsetzt, um im Kampf gegen jegliches Elend wahrhaft menschenfreundlich zu werden.

Es dürfte nicht mehr allein jene “Kirche des Wortes” und der “reinen Lehre” sein, auf die sich unsere Vorväter viel zugute hielten, sondern eine Kirche, in der auch Singen und Spielen, Lachen und Weinen, Staunen und Schweigen, aber auch Protest und Aktion ihren Platz haben.

Es müsste eine Kirche sein, in der nicht allein die Wohlabgewogenheit der Kompromisse und des Sowohl-als-auch, sondern auch ein ungeschütztes Reden und eine begnadete Einseitigkeit möglich sind.

Es wäre jene Kirche, auf die das Wort von Laotse zutrifft: “Des Himmels Netz ist ganz weitmaschig, aber es verliert nichts.”

Es wäre jene Kirche, in der das Bekenntnis von Ulrich Schaffer gilt: “Nie durfte ich unter Menschen so sehr der sein, der ich bin, wie bei dir, und darum liebe ich dich.”

Es wäre eine Kirche, die einem nicht die Luft abschnürt, die einen vielmehr tief ein- und aus- und aufatmen lässt, weil sie nicht vom Buchstaben des Gesetzes, sondern vom Geist der Freiheit lebt, wie Jesus ihn verströmt hat.

Müsste, wäre, dürfte nicht...: Wie wunderbar, wenn aus diesen Möglichkeitsformen Wirklichkeitsformen würden! Machen wir uns doch zusammen entschlossen auf den Weg, um neu das zu werden, was wir eigentlich sind!

1990
Vorwort zum Jahresbericht des kantonalen Kirchenrates

Morgenvöglein

Mir sang ein Morgenvöglein
Ein kleines, glückliches Lied.
Sang einmal – und huschte weiter
Durch Wälder und feuchtes Ried.

Umsonst sucht meine Geige
Dies Lied, so selig und bang.
So leichthin hat es geklungen –
Ich horch ein Leben lang.

1946

Überraschung

Auf einem meiner Wanderwege
Traf ich ein Büblein an im Grund,
Das sammelte aus dem Gehege
Himbeeren in den kleinen Mund.

Bereits war weiter ich gegangen,
Da lief es nach mit hellem Schritt
Und brachte mit beglänzten Wangen
Mir zwei der schönsten Beeren mit.

Kaum hatt' ich freudig Dank empfunden,
Kaum war mir seine Absicht klar,
Da war der liebe Kerl verschwunden,
So schnell, wie er gekommen war.

Der warmen Freude hingegeben,
Stand ich noch lang und dachte dann,
Es sei doch töricht nicht zu leben,
Wenn dies sich noch ereignen kann.

1947

Winterverheissung

Vom Garten her tönt ein "Ziwitt!",
Und gleich singt mein Gemüt auch mit.
Was trieb das Vöglein zu dem Schrei?
Dass jetzt die längste Nacht vorbei?
Dass es die gute Erde riecht,
Den Duft, der aus dem Boden kriecht?
Dass es, behaglich, nicht mehr friert,
Weil es den Hauch von Süden spürt?
Dass es schon kleinste Knospen sieht
Und ahnt, was nun in Bälde blüht?
Dass es von Sehnsucht schon beschwingt,
Die ihm dereinst Erfüllung bringt?

Ich weiss es nicht. Ich spüre bloss:
In mir löst sich ein Riegel los.
In mir wird etwas froh und klar:
Ein Glanz fällt auf das junge Jahr.
Ein Lied hebt an, ein süsses Spiel,
Das niemals wieder enden will,
Ein Klang von Harmonie der Welt,
Die dem, der lauschen kann, bestellt.
Wie wünsch' ich dir, du hörest auch
Den lieben Laut aus Baum und Strauch!
Wie hoffe ich, du nehmest mit
Ins Herz der Hoffnung Pfand: "Ziwitt!"

1991

Wanderndes Bächlein

Entsprungen seiner Quelle
Im immergrünen Tann,
An dämmrig kühler Stelle,
Da hebt sein Rauschen an.

Es wandert durch die Wiesen
An Busch und Hag vorbei
Und mischt sein leises Fliessen
In Wind und Vogelschrei.

Dem Bächlein will ich lauschen,
Des Wassers Silbersang.
In seinem trauten Rauschen
Schwingt lieber Worte Klang.

Am Bächlein will ich liegen,
Tief in des Grases Fett,
Ihm gleich mich wohlig schmiegen
Ins gute Erdenbett.

Am Bächlein will ich schreiten,
Der Stunden unbewusst,
Es stromwärts treu begleiten
Mit meines Wanderns Lust.

Am Bächlein ist ein Finden,
Wenn je ich mich verlor.
Es quillt aus seinen Gründen
Mir Leben neu empor.

1991

aber

schüler des müssens sind wir
sklaven vielerlei zwänge
soldaten des werktags marschmarsch
pflicht ruft schneidende kommandos
mühsam dehnt sich der weg zum zahltag
und ringsum die uhren in drohstellung

aber der himmel
versprüht trotzdem sein blau
aber die vögel
rufen trotzdem befreiung aus
aber im irgendwo locken doch
waldrands und ufers lieblichkeit
musik schenkt tanz im mondlicht
und liebende zieht es ins korn

wo der herbst beschwert
der winter zudeckt
pocht leben in der tiefe
wartet auf seine zeit und die heisst
nun muss sich alles alles wenden
daran glaube ich herzkräftig
für gesanges eindringlichkeit
für glückes alleinzigkeit
für das fest unseres daseins

1992

Wenn die Zeit erfüllt

Weihnachtszeit sieht den uralten
Haferstock erblühn,
Aus dem Stumpf, dem harten, kalten,
Rot die Rispe glühn.

So drängt mächtig aus der Enge,
Ledig aller Last,
Was in des Gedankens Strenge
Du begraben hast.

Wo du allen Träumens Ende
Sahst, wird hohe Zeit,
Und nach der Bedrücktheit Wende
Wird die Welt so weit.

Was in Traurigkeit verloren
Schien, wird frischer Klang.
Nur aus Schmerzen wird geboren
Wahrer Lobgesang.

Dass es keins von uns verlernte,
Was uns hier enthüllt:
Saat von einst bringt frische Ernte,
Wenn die Zeit erfüllt.

1992

Zum Neujahr

An meinem Wanderstabe
Tret ich ins neue Land.
Nur leicht wiegt meine Habe,
Was war, verweht wie Sand.

Auf Höhn, in Talesgründen
Geh ich, hab nirgends Haus.
Ich denke an kein Finden,
Bin nicht auf Ziele aus.

Mein Teil bleibt nur das Ahnen,
Das Suchen nur mein Los.
Drum zieh ich weite Bahnen,
Und meine Welt ist gross.

Hinweg zum Blau der Ferne
Treibt mich der Sehnsucht Sinn.
Doch nachts erglühen Sterne,
Wo immer ich auch bin.

1993

Ein Lied zur Taufe

Melodie: J.F. Reichardt

2. Wir schauen deine Blösse,
die Gott sich hat erwählt:
Das Kleinsein ist die Grösse,
die einzig vor ihm zählt.

3. Noch bleibt dir fern der Tadel:
Gott schuf dich gut und ganz.
Kindsein ist wahrer Adel
in seiner Gnade Glanz.

4. Wir wolln dich durch die Taufe
Gott dem Dreieinen weihn:
Sollst in des Lebens Laufe
sein Kind auf immer sein!

1994
Unserem fünften Enkelkind Florin Samuel

Ein Lied zur Trauung

Melodie: L. v. Beethoven

2. Alles hat wohl seine Stunde,
Leid der Abgeschiedenheit,
Lachen in der Frohmut Runde,
Zittern, Zorn und Zärtlichkeit.
Sich verlieren und sich finden,
Tränensaat und Erntefreud,
meiden sich und neu verbünden
machst du zur erfüllten Zeit.

3. Gott vom Himmel, du das Leben,
Liebe, die uns nie verliert,
hast dein Ja uns übergeben,
schaffst uns Haus und bleibst uns Hirt.
Auf dein Ja gilt es, zu wagen
Freiheit im Gebundensein.
Durch dein Wort wird unser Sagen
gut wie Brot und stark wie Wein.

4. Freude, Herr, aus deiner Fülle
hast du über uns gebracht.
Du berührst uns, machst uns stille
mit dem Festglanz deiner Macht.
Leben dürfen, lieben können,
Herze, das dem Herzen schlägt,
ist dein Geben, ist dein Gönnen,
deine Gnade, die uns trägt.

1986
Zur Hochzeit unseres Sohnes Lukas Emanuel mit Dolores

Ein Lied von der Gemeinde

Melodie: Martin Hobi

2. Zämechu, zämeschtu,
mängi Ufgab wartet schu.
Ischs bescheide, was mir chänd –
Hauptsach, as mir trü si wänd.
Zämechu, zämeschtu:
d'Ufgab wartet schu.

3. Zämechu, zämeschtu,
wie und wo zeigt d'Liebi nu.
Gmeinsams Welle schlingt es Band:
Jedes gaht em andre z'Hand.
Zämechu, zämeschtu,
wie zeigt d'Liebi nu.

4. Zämechu, zämeschtu,
keis im Eländ sitze lu.
Isch eis trurig, hilflos, chli –
mir wänd ihm Begleiter si.
Zämechu, zämeschtu,
keis eleige lu.

5. Zämechu, zämeschtu,
zäme uf e Heiwäg gu.
Lueg nüd zrugg und blib nüd still,
d'Hoffnig schtreggt sich us zum Ziel.
Zämechu, zämeschtu,
zäme heizue gu.

1991
Zum "Glarner Chilchewäg"

Ein Lied vom Aufstehen

Melodie: Julie Morgan de Dunsmore

Refrain:

2. Achtzehn Jahre krümmten meine Schmerzen
mir den Rücken ganz zur Erde hin.
Doch sie sagten: "Schlecht ist ihr Gewissen.
Sie wagt nicht, uns ins Gesicht zu sehn." (Refrain)

3. Sabbat war's. Vorn in der Synagoge
drängten Männer sich zum Gottesdienst.
Nur als letzte wagte ich zu stehen.
Achtzehn Jahre war die letzte ich. (Refrain)

4. Wie seit achtzehn Jahren war ein Flüstern:
"Schaut sie an, wie hässlich sie doch ist!"
Keine kam und nahm mich bei den Händen.
Keiner gönnte mir ein liebes Wort. (Refrain)

Refrain:
O Halleluja, Jesus hat gerufen:
"Tochter Saras und Abrahams!
Seine Hände auf meinem Körper
sprach er zu mir: "Steh auf! Du bist frei."

1989
Nach Lukas 13, 10-17

Ein Lied zum Trost

Melodie: Willy Reifler

2. Wenn der Sturm dir harsch und kühl
um die Ohren stiebt,
darfst du hüten das Gefühl:
Ich bin doch geliebt

3. Wenn dein einsam nächtger Schrei
in das Kissen weint,
bleibt der Ratschluss doch dabei:
Bist mit Gott geeint.

4. Wenn dein Geist ins Leere fällt,
nur hinab, hinab,
ist vom Himmel längst bestellt
deiner Trübsal Grab.

5. Wenn in aller Finsternis
nichts dir leuchten mag,
schauen wirst du ganz gewiss
Morgenglanz und Tag.

1993

Haus des Herrn

"Wie habe ich mich gefreut, als ich hörte: Kommt, wir gehen zum Haus des Herrn!" (Psalm 122, 1, Zürcher Bibel)

Nach zehnmonatiger Umbauarbeit hat sich heute unsere Niederurner Kirche wieder für unsere Gottesdienste geöffnet. Wir sind in ein Haus des Herrn zurückgekehrt, das mit der Schönheit der Idee und der Sorgfalt der Gestaltung dieses Herrn würdig sein möchte.

Aber woher nehmen wir eigentlich die Kühnheit, diese Kirche als "Haus des Herrn" zu bezeichnen? Was von dem einen Tempel in Jerusalem gilt, ist doch nicht ohne weiteres auf all die ungezählten Kirchen übertragbar. So warnt der Apostel Paulus die Athener: "Der Herr des Himmels und der Erde wohnt nicht in Tempeln, die mit Händen gemacht sind." Der Erste Petrusbrief wendet diesen Gedanken ins Positive: "Lasset euch selbst wie lebendige Steine aufbauen als ein geistliches Haus..." So beschreibt auch der Epheserbrief die Christen selber als einen Bau, der "heranwächst zu einem heiligen Tempel, zu einer Wohnung Gottes im Geist". Das heisst also: Nicht die Mauern machen das Haus Gottes aus, sondern die Menschen darin, nicht das Gehäuse, sondern das Geschehen darin, nicht die geometrische Gestalt, sondern der geistige Gehalt.

Eben da erhebt sich mitten in der grossen Freude die grosse Frage: Wenn nun die Erneuerung der Gestalt unserer Kirche so wohl geglückt ist – wie steht es dann um die Erneuerung des Gehalts? Ist zu erwarten, dass mit der Erneuerung der Kirche auch eine Erneuerung der Gemeinde sich vollzieht? Ist nicht zu befürchten, dass dann, wenn die Festlichkeit verrauscht, der Reiz der Neuheit vorbei ist, die Menschen, die hier zusammenkommen oder auch ausbleiben, sich als dieselben erweisen wie eh und je? Ist es nicht so wie beim Zügeln? Die menschlichen Probleme lässt man nicht in der alten Behausung, sondern zügelt sie mit…

Wie steht es mit der Gemeinde? Etwa wie Kurt Tucholsky auf berlinerisch eine "Dame" beschreibt? "Nu hat se sich feine Pelze anjeschafft und trägt n Ding ufn Kopp – aber unten die alten Beene kucken doch raus…" Oder verhält es sich mit der Kirche wie mit einem Spital? Die Millionen für den Bau kommen leichter zusammen als das Personal mit dem Herz auf dem rechten Fleck… Oder wie mit einer Universität? Die perfekte Einrichtung garantiert höchstens eine bessere Ausbildung, aber noch lange keine bessere Bildung... Oder wie mit einer Festung? Keine militärische Abschirmung ist so raffiniert, dass sie den Mut des Soldaten zu ersetzen vermöchte... So fällt denn letztlich überall nicht auf dem materiellen, sondern auf dem geistigen Feld die Entscheidung.

Doch eben gerade um diese Wahrheit darzustellen, dafür steht die Kirche da. Dieses so schön gestaltete Kirchengebäude ist nicht die Sache, um die es heute geht. Es ist nur ein Sinnbild, wenn auch ein entscheidendes, für diese Sache. Ich möchte sie, gleich den vier Adventskerzen hier vorne, in vier Bereiche aufgliedern.

Aus einem Geist der Ehrfurcht heraus sind diese alten Wände, gekrümmt von der Last der Katastrophen, die über dieses Dorf gegangen sind, stehengelassen worden. Aus gleicher Ehrfurcht heraus sind sie nun so ausgestattet, dass sie ins Jahr 1980 passen. So ruft uns dieser Ort zur Ehrfurcht auf – nun wahrlich nicht nur innerhalb dieser Mauern, sondern erst recht ausserhalb. Es ist zu denken an die Ehrfurcht vor Gottes Schöpfung, die immer wieder geopfert zu werden droht auf dem Götzenaltar menschlicher Raffgier; an die Ehrfurcht vor dem Leben, ganz besonders an seinen gefährdeten Grenzen, in seinem Werden und seinem Vergehen; an die Ehrfurcht vor dem Kunstwerk, in dem sich auf vielfältigste Art die Begegnung des kleinen menschlichen Schöpfers mit dem grossen göttlichen Schöpfer zu offenbaren vermag. Wo keine Ehrfurcht mehr ist, da geht zugleich mit der Göttlichkeit auch die Menschlichkeit verloren. Diese Kirche soll also Wahrzeichen und Mahnzeichen der Ehrfurcht sein.

Ein zweites: Alle öffentlichen Gebäude unseres Dorfes haben praktische, konkrete Zwecke. Sie dienen etwa der Verwaltung und Versorgung, der körperlichen und geistigen Ausbildung, dem Katastrophenschutz. Wo bleibt demgegenüber der praktische Wert der Kirche? Erschöpft er sich darin, dass die Turmuhr schlägt und dass Trauergesellschaften ein Dach über dem Kopf haben? Nein, sie beruht auf einem andern Wert, auf der Wahrheit des Jesuswortes nämlich: "Nicht vom

Brot allein wird der Mensch leben, sondern von jedem Wort, das aus dem Munde Gottes hervorgeht." Wäre einer, der nur von Lebensmitteln lebt, noch ein Mensch im Vollsinn dieses Wortes? Hat er es nicht auch nötig, dass einer mit ihm spricht? Lechzen nicht wir alle nach dem verstehenden und anerkennenden Wort? Der Mensch hat Anspruch auf Zuspruch, weil er nicht funktioniert wie eine Maschine, sondern weil er ein Gemüt hat, eine Seele. Darin hat all das seine Wohnung, was den Menschen hinaushebt über Käfer und Wurm: der Glaube, die Hoffnung, die Liebe. Darum sind die Ergriffenheit im Weinen und die Erheiterung im Lachen, die Zwiesprache mit der unsichtbaren Welt im Singen und im Beten für den Menschen bezeichnend. So soll der Stellenwert dieser Kirche in unserem Dorf ein Hinweis sein auf den Stellenwert der Seele in unserem ganzen Dasein.

Ein drittes: Sie stellen hier fest, dass der Pfarrer von seinem Schwalbennest oben an der Wand heruntergeholt worden und Ihnen nähergerückt ist. Und so sind auch die Chambres séparées der beiden Emporen verschwunden. Beides ist gut so. Denn so kommt das Zusammengehören besser zum Ausdruck. Es wird sich an gewöhnlichen Sonntagen auch im bisher nicht vorhandenen Vorraum einen neuen Ausdruck suchen können. Die neue Form des Eingangs lädt die Besucherinnen und Besucher dringender ein und entlässt sie zögernder. Ich denke hier an einen Satz Bonnie Thielmanns, eines einstigen Sektenmitglieds: "Wenn es in unsern Kirchen und Gemeinden zu echter Gemeinschaft und menschlicher Wärme käme, verlöre das Gruppenerlebnis in den modernen Sekten viel von seiner Faszination." Ihre Erkenntnis soll auch die unsrige werden. Christentum ist sichtbar und greifbar gewordene Gemeinschaft – oder es ist kein Christentum. So steht denn auch vor Ihrer aller Augen dieser Tisch, von dem die Einladung Christi zum Abendmahl ausgehen wird. So will diese Kirche, ja die Kirche überhaupt, bezeugen, dass es zwischen Individualismus und Herdentrieb eine dritte Kraft gibt, die Gemeinschaft.

Ein letztes: Mit der Erneuerung dieser Kirche ist der Schlussstein gesetzt hinter die einstigen Bestrebungen, diese Kirche abzubrechen oder gar durch Umbau ein Stück weit zu verschieben zugunsten eines flüssigeren Strassenverkehrs. Denn sie war im Wege. Aber Kirche ist von ihrer Wesensart her immer irgendwem im Wege. Sie lässt sich nicht fugenlos einfügen in diese Welt, sondern bleibt in ihr ein Stück weit ein Fremdkörper. Sie vertritt inmitten einer Gesellschaft Wohlhabender den Bittruf der Völker, die am Bettelstab gehen, in einem System, in dem man seine Ellbogen gebrauchen muss, die Rechte der Schwächsten, inmitten kurzlebiger Veränderungen eine Botschaft, die 2000 Jahre überdauert hat, mitten in der Zeitlichkeit die Ewigkeit. So stellt sie einen fortdauernden Protest dar gegen die Dinge, so wie sie nun einmal sind. Nein, kein "Protest der Unzufriedenen", kein Protest mit Steinen und Gebrüll, vielmehr jenes "protestari", von dem sich das Wort "Protestanten" ableitet und das nichts anderes heisst als "bezeugen": bezeugen, dass da ein anderer ist, ein Allergrösster, der uns kennt und anerkennt, der uns gibt und vergibt.

Zur Ehrfurcht zu rufen, dem Gemüt Raum zu geben, Gemeinschaft zu schaffen, Anwalt zu sein für die vielen andern und den einen andern – das gibt dieser erneuerten Kirche und allem Zusammenkommen in ihr die Daseinsberechtigung. Dass unsere Kirchgemeinde diese Erneuerung ermöglicht hat, das bezeugt zum mindesten ihr Wollen in dieser Richtung. Um das Vollbringen weiss nur der Herr. Unser Amt ist die Saat, die Ernte bleibt seiner Gnade überlassen. Wir mit unserer erneuerten Kirche sind nur irdene Gefässe. Er mag sie füllen mit Schätzen nach seinem Wohlgefallen. So sage ich denn – Ihnen allen und denen, die rings um diese Kirche daheim sind – mit dem Schlussatz des eingangs zitierten Psalms: "Um des Hauses des Herrn, unseres Gottes, willen will ich um Glück flehen für dich."

30. November 1980
Predigt zum Einzug in die erneuerte Kirche

Meine Zeit - Gottes Zeit

"Meine Zeit steht in deinen Händen."
(Psalm 31,16, Lutherbibel)

In neu abgestimmter Harmonie schlagen die Viertelstunden von den beiden Kirchtürmen unseres Dorfes und teilen uns gleichsam die uns geschenkte Zeit zu. "Meine Zeit" – das ist allerdings eine Grösse, die sich gründlich gewandelt hat. Der Steinzeitmensch lebte mit einer mittleren Lebenserwartung von vielleicht 18 Jahren, und noch zur Zeit Jesu war dieser Durchschnitt nur um wenige Jahre angehoben. Vor 100 Jahren war die Lebenserwartung immerhin bereits auf 35 Jahre angestiegen. Heute aber beträgt sie das Doppelte: 70 Jahre für die Männer, 76 Jahre für die Frauen. Dieser Fortschritt ist ein grosses Geschenk. Doch im Grunde haben wir diesen Fortschritt noch gar nicht verarbeitet und bewältigt. Den Körper zu stärken zu längerem Leben, war leichter, als die Seele zu stärken zu längerem Aushalten.

Versprach man sich einst eheliche Treue, "bis dass der Tod euch scheidet", so mochte das im Schnitt vielleicht 20 Jahre bedeuten. Heute ist es mindestens das Doppelte. Aber die seelischen Kräfte, die eine erfüllte Partnerschaft erfordert, konnten nicht verdoppelt werden. Was das bedeutet, wissen wir. Begleiteten einen die Eltern einst verhältnismässig wenige Jahre ins Erwachsenenalter hinein, so werden heute viele mit der Hinfälligkeit ihrer Eltern konfrontiert in einem Lebensalter, wo sie sich bereits mit dem eigenen Altwerden auseinandersetzen müssen: eine Doppelbelastung, die die Kräfte oft überfordert. Trifft einen eine schmerzhafte Krankheit oder ein schwerer Unfall, so schenkt die Medizin unter Umständen trotzdem ein jahrzehntelanges Weiterleben; aber die Kräfte, dieses Leben auch anzunehmen, vermag sie nicht zu schenken.

"Meine Zeit": Solange es nur meine Zeit bleibt, ist sie oft mehr Last als Lust, mehr Verhängnis als Verheissung. Deshalb möchte der Psalmist "meine Zeit" als Gottes Zeit verstanden wissen, sie aus seinen Händen sich zuteilen lassen, von ihm her dieser Zeit Mass und Mitte geben lassen.

Gottes Zeit aber, wie er sie uns zumisst, hat ihre Einzigartigkeit. Gottes Zeit, von der das Evangelium redet, ist nicht jene Zeit, die unaufhörlich kreist wie die Erde um die Sonne, wie der Zeiger auf der Uhr. Das wesentliche biblische Wort für "Zeit" ist gerade nicht "chronos", jenes Wort, das wir zum Beispiel in "Chronik" wiederfinden. Vielmehr ist es das Wort "kairos". Einen Altar für den als Gottheit betrachteten Kairos hatten die alten Griechen bezeichnenderweise an einem ganz besonderen Ort erbaut, nämlich am Eingang zum Stadion von Olympia! Kairos, das bedeutete ihnen also die Zeit, in der die Entscheidungen fallen. Das Wort "kairos" kommt vor in jenem Satz, der uns als Anfang der Botschaft Jesu überliefert ist: "Die Zeit ist erfüllt und das Reich Gottes ist genaht;

tut Busse und glaubet an das Evangelium!" Es taucht aber auch wieder auf gegen das Ende seines irdischen Lebens, wo er im Hinblick auf sein baldiges Sterben sagt: "Meine Zeit ist nahe." Paulus wiederum redet im Galaterbrief vom Kairos im Zusammenhang damit, dass es gilt, Gutes zu tun gegen jedermann, am meisten jedoch gegenüber den Glaubensgenossen.

Ein solcher Kairos aber wird nicht nach Stunden und Tagen, nach Monaten und Jahren bemessen. Denn der Kairos, das ist die Chance, das ist die Glücksstunde, das ist die Heilszeit. Der Kairos ist nicht totgeschlagene Zeit, sondern lebenspendende Zeit, ist nicht nur ausgefüllte, sondern erfüllte Zeit.

Was heisst das? Da gibt es jenen Hemingway-Roman "Wem die Stunde schlägt", den die Verfilmung mit Ingrid Bergmann und Gary Cooper noch bekannter gemacht hat. Der Amerikaner Robert Jordan nimmt am spanischen Bürgerkrieg teil und findet bei den Partisanen das Mädchen Maria. Die beiden werden von Liebe zueinander überwältigt, und Jordan erlebt diese Liebe im Bewusstsein, dass ihm die 70 Stunden, die ihnen bleiben, ein ebenso erfülltes Leben schenken können wie 70 Jahre. Dieser Gedanke hilft ihm, versöhnt zu sterben, als ihm bald darauf die Todesstunde schlägt. Lieben und geliebt werden, das ist Kairos, das ist erfüllte Zeit – auch wenn sie nur ein kleines Stück unseres Lebens ausmacht.

Unvergessen bleibt mir jener alte Kollege, der mir von der Todesstunde seiner ersten Frau erzählte. Er verlor sie nach der Geburt des zweiten Kindes. "Traure nicht um mich", legte sie ihm ans Herz, "wir haben zwei Jahre lang alles miteinander getan und geteilt, das

Schöne und das Schwere; ich kann mir kein besseres Leben denken. Ich danke dir."

Ein anderes Zeugnis des Kairos, der erfüllten Zeit, hat uns Wolfgang Amadeus Mozart geschenkt. So schreibt er in einem Brief an seinen Vater: "Ich lege mich nie zu Bette, ohne zu bedenken, dass ich vielleicht, so jung als ich bin, den andern Tag nicht mehr sein werde. Und es wird doch kein Mensch von allen, die mich kennen, sagen können, dass ich im Umgange mürrisch oder traurig wäre. Und für diese Glückseligkeit danke ich alle Tage meinem Schöpfer und wünsche sie von Herzen jedem meiner Mitmenschen." Mozart also lehrt es uns: Das reichste und beste Schaffen geschieht gerade aus dem Bewusstsein heraus, dass diesem Schaffen vielleicht enge zeitliche Grenzen gesetzt sind. Wer seine Zeit so randvoll ausnützt, wie Mozart sie ausschöpfte, schickt sich umso demütiger und getroster in die Grenze dieser Zeit.

Auch was eine Bernerin von ihrem Kind erzählte, ist ein Beispiel eines Kairos. Das Kind war zwar von klein auf kränklich, doch dann wurde bei ihm eindeutig eine Leukämie diagnostiziert. Die Ärzte wollten nun am Kind neue Behandlungen versuchen, die möglicherweise zur Heilung hätten führen können, da es sich um eine seltene Art von Leukämie handelte. Dazu hätte man aber den Dreijährigen allein in ein keimfreies Isolationszimmer legen müssen, wo die Krankenschwester nur mit Kopf- und Mundschutz Zutritt hatte. Hirn- und Rückenmarkbestrahlungen wären nötig gewesen.

Aber die Mutter weigerte sich beim Gedanken an die Isolationshaft und an mögliche Wesensveränderungen durch die Bestrahlungen. Hiess denn "heil" sein nicht "ganz" sein? War nicht ein kurz gelebtes ganzes Leben wesentlicher als ein hinausgeschobener Tod? Die Klinikärzte verstanden ihre Gedanken nicht, wohl aber die Hausärztin. Das Kind blieb nun daheim, konnte im Zimmer spielen und sich auf seinen Tod vorbereiten. Es stellte Fragen und bekam Antworten. Im Bilderbuch zu den biblischen Geschichten wollte das Büblein immer die Seite mit dem Osterbild anschauen. Drei Tage vor seinem Tod fragte es zu diesem Bild: "Mueter, wie isch dr Jesus zum Vater im Himmel chuu?" Es bekam zur Antwort: "Ich bi nüd derby gsii, aber ich stelle mirs esoo vor: Gang dett übere, du wärisch jetz dr Jesus und ich dr Gott. Und jetz gump i mini Arme!" Diese Szene wurde für den Kleinen zum Modell seines eigenen Sterbens. "Das isch denn aber schüü!" lautete sein Kommentar. Seine Mutter sagte nachher: "Er ist über mich hinausgewachsen, ist eigentlich erwachsen geworden und abgerundet gestorben."

Auch da also: erfülltes Leben, Zeit aus Gottes Hand. Wesentlicher als Lebensverlängerung an sich ist das, was jener Bub zuhause erlebte: Leben in Gemeinschaft, Leben im Gespräch, Leben in jener Liebe, die nicht erdrückt, sondern frei macht, nicht anbindet, sondern entbindet zur Begegnung mit Gott. Das ist, selbst bei versehrtem Körper, volles Leben.

"Meine Zeit steht in deinen Händen." Sie finden ja die leicht abgeänderte Version dieses Bibelwortes draussen an der Kirchenmauer, gleich neben der Sonnenuhr: "Unsere Zeit steht in Gottes Hand." Auch die Sonnenuhrzeit ist Zeit in der Art des Kairos. Die

Sonnenuhrzeit enthält viel nicht angezeigte Zeit, weit mehr als angezeigte. Aber dann bricht plötzlich als Kairos die Sonnenzeit herein. Auch wenn es in unserem Leben noch so viel leere und tote Zeit gibt: Wir dürfen warten auf Gottes Kairos.

Solange wir leben, sollen wir rechnen mit dem Kairos der Begegnung, dem Kairos des Gebens und Nehmens, des Verstehens und Verstandenwerdens, des Liebens und Geliebtwerdens. Das allein macht die verlängerte Lebenserwartung sinnvoll. Unsere Gesellschaft muss vielleicht lernen, freier umzugehen mit den Möglichkeiten der Medizin, aber gleichzeitig willfähriger werden dem Willen Gottes gegenüber, der uns einlädt, den Kairos zu ergreifen. Seinen Kairos auszuschöpfen mit vollen Händen, das soll Wunsch und Weg und Ziel sein für den, der mit unserer Bibel sagt: "Meine Zeit steht in deinen Händen" – oder mit unserer Sonnenuhr: "Unsere Zeit steht in Gottes Hand."

1982
Silvesterpredigt

Freiheit und Verantwortung

Zuerst wollen wir dem die Ehre geben, dem Ehre gebührt in alle Ewigkeit, und Gott anrufen mit dem Gebet, das Jesus Christus uns beten gelehrt hat:

“Unser Vater im Himmel! Geheiligt werde dein Name. Dein Reich komme. Dein Wille geschehe, wie im Himmel so auf Erden. Unser tägliches Brot gib uns heute. Und vergib uns unsere Schuld, wie auch wir vergeben unsern Schuldigern. Und führe uns nicht in Versuchung, sondern erlöse uns von dem Bösen. Denn dein ist das Reich und die Kraft und die Herrlichkeit in Ewigkeit.” Amen.

Weniges ist in der Überlieferung der Schlacht von Näfels so fest verankert wie das Gebet der Glarner vor und nach der Schlacht. Die Tradition schweigt sich indessen darüber aus, ob die Gegenseite auch ein Gleiches getan hat. Doch warum sollten die Österreicher und die durch sie aufgebotenen Schaffhauser und Frauenfelder, Winterthurer und Rapperswiler nicht auch ernsthaft gebetet haben? Es gehört wohl zu jeder Schlacht und jedem Krieg, dass Gott zwischen zwei Gebetsfeuer gerät. Wie nahe läge es da, Gottes Willen, ja Gottes Wesen ablesen zu wollen am Ausgang von Schlachten!

Doch was wäre das für ein Gott, der in Hauen und Stechen, in Schlagen und Erschlagen, in Strategien der

Vernichtung sich offenbaren würde? Der Gott, den Jesus anrief, wäre es jedenfalls nicht. Das dreimalige "Dein" in den ersten Unservaterbitten – dein Name, dein Reich, dein Wille – zeigt doch, dass die entscheidende Frage gar nicht lauten kann: Ist Gott auf unserer Seite? Sie lautet vielmehr: Sind wir auf Gottes Seite?

Da empfiehlt sich jene andere Erinnerung, die mehr als fünfmal weiter zurückreicht als die 600 Jahre seit der Schlacht von Näfels und die ebenfalls die Gestalt einer jährlichen Feier angenommen hat. Ich rede vom jüdischen Passafest. Darin wird Jahr für Jahr jene Selbstmitteilung Gottes vergegenwärtigt, die die Tafel der Zehn Gebote einleitet. Sie heisst:

"Ich bin der Herr, dein Gott, der ich dich aus dem Lande Ägypten, aus dem Sklavenhause, herausgeführt habe." (2. Mose 20,2)

Zu Gottes Wesen gehören also nicht nur die Heiligkeit, nicht nur die Allmacht, nicht nur die Ewigkeit, sondern auch dass er aus dem Sklavenhaus erlöst, dass er zur Freiheit führt. Ein Schweizer, der im Zweiten Weltkrieg von den Tyrannen eingekerkert worden war, beschrieb nachher als seine wichtigste Erkenntnis, wie doch eigentlich die ganze christliche Offenbarung die Geschichte einer Befreiung sei. Konnten nicht die schwarzen Sklaven Amerikas in ihrem Seufzen nach Herausführung aus dem Sklavenhaus, in ihren Spirituals, unmittelbar an die Ereignisse der Bibel anknüpfen? Wo Menschen aufstehen zur Gewinnung der Freiheit, Völker sich wehren für die bedrohte Freiheit, da sind sie auf der Seite Gottes, des Gottes, der Israel aus Ägyptens Sklavenhaus herausgeführt hat.

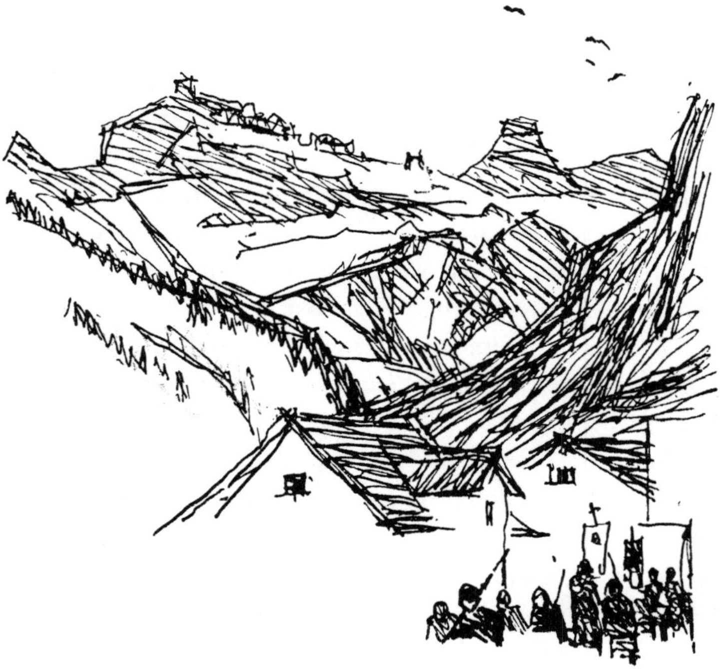

Und so verstanden haben sie am 9. April 1388 hier in Näfels recht gebetet und gekämpft. Aber das gilt nicht nur für sie. Ein Jubiläum der Befreiung feiern lässt sich nur mit weitem Herzen, weit offen nämlich für diejenigen, die heute unter den verschiedensten Himmelsstrichen sich für ihre Freiheit wehren. Doch man steht oft unter dem Eindruck, dass uns die Botschaften der Freiheitskämpfer ungelegener kommen und peinlicher berühren als die Fluchtgelder ihrer Unterdrücker...

Die Freiheit, die mit Hellebarden, ja mit Steinen und Baumstämmen erkämpft worden ist, hat im Lauf der Zeit andere, gewaltlose Befreiungen ermöglicht. Ich denke zum Beispiel an jene Befreiung, die schon 160 Jahre später erfolgte, nämlich die pionierhafte Schaffung der Freiberge am Kärpf. Der Freiheit des Menschen, nach Belieben zu jagen, standen das Lebensrecht der Tiere und das Recht Gottes gegenüber; denn bezeichnenderweise wurde die Schaffung der Freiberge religiös verankert: "Weil die Ausrottung wider die Ordnung Gottes lauft", hiess es.

Wie prophetisch! Denn die Befreiung des Menschen erweist sich schliesslich als umsonst, wenn sie nicht auch zur Befreiung seiner Mitgeschöpfe wird, zur Befreiung des Tieres und der Pflanze, ja schliesslich der Luft und der Ozeane. Wir werden unsere eigene Freiheit nur retten können, indem wir unsere Schwester, die Natur, von der Tyrannei verbrecherischer Rücksichtslosigkeit befreien. Entscheidend wird nicht so sehr sein, wie hoch wir da und dort eine neue Letzi gegen Lawinen und Steinschläge in unsere Berghänge bauen können, sondern wie tiefgreifend wir unsere Einstellung zu ändern vermögen.

Des Feierns wert wäre auch jene andere Befreiung, die ohne Aufstand und Brandschatzung geschah, die Abstimmung nämlich an der Landsgemeinde 1864. Das neue Fabrikgesetz mit seiner Arbeitszeitbeschränkung auf zwölf Stunden und dem Verbot der Nachtarbeit lockerte das Joch der Fabrikarbeit so wesentlich, dass es zu einem weit über unsere Grenzen hinaus beachteten Signal wurde.

Die sozialen Fortschritte von gestern sollen indessen den Blick nicht verschleiern, sondern vielmehr klären für die sozialen Lücken von heute. Waren es einst besonders die in der Fabrik arbeitenden Frauen und Kinder, deren bleiches Elend nach Abhilfe schrie, so sind es heute wiederum erschreckend viele Frauen und Kinder – diejenigen aus unvollständigen Familien vor allem –, die eine Befreiung brauchen aus jenem Gefängnis, das man "neue Armut" nennt. Aber Befreiung für sie heisst nicht nur etwas mehr Geld und eine menschenfreundlichere Wohnpolitik – dies sicher auch! –, sondern weit mehr: Wir alle müssen uns befreien lassen von jener Einstellung, dass vor allem das Geld Achtung einträgt und dass der Besitz gleichbedeutend ist mit einem Zuwachs an Persönlichkeit. Denn solange diese Einstellung gilt, fühlt sich der, der nichts hat, der Verachtung preisgegeben und mit dem Stempel der Minderwertigkeit gezeichnet.

Mit solchen Beispielen ist bereits angedeutet, dass die Freiheit eine Schwester hat, zwar unscheinbarer als diese – so wie in der Bibel die mattäugige Lea gegenüber der glutäugigen Rahel –, aber nicht weniger bedeutungsvoll. Diese Schwester der Freiheit heisst Verantwortung. Sie folgt ihr so, wie die Auskündigung der

Zehn Gebote der Befreiung aus Ägypten folgt. Verantwortung ist die Antwort auf den Anruf Gottes. Wie ich meine Freiheit verantworte vor der letzten Instanz, das kann mir keine vorletzte Instanz abnehmen. Und wo einer sich rechtfertigen wollte: "Ich habe ja nur die Befehle anderer ausgeführt" oder "Ich habe ja nur unterlassen, was die andern auch nicht getan haben" – da ist beides verraten, die Freiheit so gut wie die Verantwortung.

Nach Feststellung der Geschichtskundigen war damals bei Kampfbeginn nur etwa die Hälfte der waffenfähigen Glarner Mannschaft versammelt. Wie hätte da doch die Frage die Kämpfenden lähmen können: Was ist denn mit den andern? Warum soll gerade ich den Kopf riskieren? Aber die Verantwortung kann sich nicht hinter anderen verstecken. Sie sieht und sie tut, was nötig ist. Ein Augenzeuge des Bergsturzes von Elm hastete auf der Suche nach Rettung an zwei Fliehenden vorbei. "Ich glaube", so berichtete er nachher, "die Frau hätte sich noch retten können, wenn sie es aufgegeben hätte, dem alten Manne helfen zu wollen." Es gibt Situationen, in denen die Verantwortung so gut wie die Freiheit das Leben kosten. Aber es hiesse das Leben verspielen, wenn Freiheit und Verantwortung preisgegeben würden.

Wie sehr beide zusammengehören, ist auch an jenem Sätzlein zu zeigen, das ich als Markenzeichen der Demokratie im allgemeinen und der Glarner Landsgemeinde im besonderen liebe: "Ds Wort isch fry!" Anfang dieses Jahres sind Leute eingesperrt worden, weil sie ein Transparent mit sich führten mit dem Zitat: "Freiheit ist immer nur die Freiheit des Andersdenkenden." Dies geschah natürlich nicht in der Schweiz. Dennoch haben sich auch bei uns ein seltsames Zögern und eine unangemessene Ängstlichkeit breitgemacht im Zubilligen der Freiheit an Andersdenkende. Ein namhafter Schweizer Journalist stellte fest: "Kritischer Journalismus ist in der Schweiz nicht gefragt. Am unbeliebtesten sind Leute mit einer eigenen Meinung."

Das stimmt bedenklich. Denn die kritische Hinterfragung ist nicht nur erlaubt, sondern ständig erforderlich. Und wenn irgendwelche Mächte sie verhindern möchten – seien es nun die Armee oder die Wirtschaft, die Forschung oder das Erziehungswesen, die Justiz oder die Medizin oder eben auch die Kirche –, dann beweisen sie nicht ihre Stärke, sondern vielmehr ihre Schwäche. Wo der Wille zur Auseinandersetzung verkümmert, wo die Toleranz serbelt, da wird die Freiheit selber zur Patientin. Freilich gibt es Meinungen, die unserer Freiheit gefährlich sind – aber sie sind niemals so gefährlich wie eine Politik, die ihnen einen Maulkorb umhängen möchte.

Und doch birgt auch die Freiheit des Wortes eine Gefahr in sich. Die Versuchung ist, nicht zuerst zu fragen: Was ist wahr? Was ist wirklich? Was ist richtig? – sondern: Was wird gern vernommen? Was wirkt sensationell? Was steigert Auflagen und Einschaltquoten? Das Sprichwort sagt zwar: "Die Welt will betrogen sein." Dennoch muss hier die Verantwortung die Freiheit ernstlich mahnen. Denn Freiheit des Wortes ohne Verantwortung ist blosse Narrenfreiheit.

Freiheit und Verantwortung können schliesslich zu sehr verschiedenen Formen des Umgangs mit einem Schlachtjubiläum führen. Während es die einen dazu beflügelt, Kriegsgeschichte zu dozieren, drängt es die andern, eine ernsthafte Friedensforschung zu fordern. Die einen halten es für ihre Pflicht, der Helden zu gedenken, deren Namen im Fahrtsbrief verlesen werden, und den andern ist es wichtig, die Zahl der Todesopfer zu bedenken, die der Militärdienst Jahr um Jahr fordert. Die einen suchen nach den Waffen, die heute die Unabhängigkeit sichern, und die andern sind von dem bestimmt, was Gotthelf mit dem Satz "Das Wort ist unendlich mächtiger als das Schwert" umschreibt.

Beides hat Sinn, soweit es Teil eines Gesprächs ist; denn nur aus Spruch und Widerspruch heraus kommt die Realität in Sicht. Auch die Männer, die sich damals um das Fridolinsbanner scharten, waren Menschen im Widerspruch. Es ging ihnen nicht allein um die Unabhängigkeit, sondern auch um die Wiedergewinnung des geraubten Gutes, nicht allein um die hehre Freiheit, sondern auch um die weniger hehre Rache, die noch von keinem Henri Dunant gehört haben konnte. Doch was soll's? In aller Ungebärdigkeit wussten sie sich abhängig von dem Gott, der Israel aus dem Sklavenhaus herausgeführt hatte. Das Gefühl dieser einen Abhängigkeit trieb und trug sie in die Unabhängigkeit. Ihr Vermächtnis an uns heisst: Die Geschichte eurer Freiheit wird so lange weitergehen, als sie für euch zugleich die Geschichte Gottes bleibt.

Unser Jubiläum vermag ja nur ein bescheidenes Echo jenes Jubels zu sein, der ausbrach, als die Kunde vom Sieg in Windeseile durch das Tal lief, hinein bis ins Tierfehd und hinauf bis an den Steinibach. Doch solcher Jubel ist wie ein Oberton, und dieser braucht, damit der Wohlklang des Akkords ertönen kann, einen

Grundton, braucht das "Gradhebe", wie die Jodler sagen. Dies aber war, ist und bleibt der Grundton für unseren Jubel: "Ich bin der Herr, dein Gott, der ich dich aus der Knechtschaft in die Freiheit geführt habe."

1988
Predigt zur Näfelser Jubiläumsfahrt

Die Sonne

Die herrlich grosse Sonne, die die Konfirmanden auf diesen Tag hin aus Textilien komponiert haben, hat Sie nun von da vorne schon eine Weile angeblickt. Wir haben uns im Konfirmandenunterricht ein wenig befasst mit der äusseren und inneren Situation von Anne Frank als verfolgtem Mitglied der jüdischen Rasse. Da schaut Anne an einem Vorfrühlingstag aus der Enge des Hinterhauses, in dem sich ihre Familie vor den Nazis versteckt hat, durch das Speicherfenster nach draussen, und ihre Empfindung finden wir im berühmten Tagebuch folgendermassen ausgedrückt: "Solange es das noch gibt, diese strahlende Sonne, diesen wolkenlosen blauen Himmel, und ich das noch erleben kann, darf ich nicht traurig sein." Anne Frank also hat uns zu dieser Sonne inspiriert.

Dabei lässt sich die Frage nicht unterdrücken: Sind denn Sonne und Himmel noch, was sie waren? Ist da nicht oft mehr Smog als Himmel? Hat man nicht ausgerechnet, dass wir im Falle von Atomexplosionen – falls wir sie überhaupt überleben würden – monatelang keine Sonne mehr sähen? Und wird angesichts des Ozonlochs die Sonne nicht immer mehr auch zu einer Todesursache?

Da die Sonne aber nicht nur unser Fixstern ist, sondern eben auch Sinnbild und Symbol, wollen wir sie nun in diesem Sinne anschauen. In eurem Ringbuch, liebe Konfirmandinnen und Konfirmanden, ist das Bekenntnis eines Indianers – er wurde später Mediziner – festgehalten: "Wann immer der rote Jäger auf ein Bild ehrfurchtgebietender Schönheit stösst – auf eine Regenbogenbrücke vor einer schwarzen Gewitterwolke über den Bergen, auf einen weissschäumenden Wasserfall im Herzen einer grünen Schlucht, auf eine weite Prärie, vom Sonnenuntergang blutrot angestrahlt –, verharrt er einen Augenblick lang in anbetender Haltung."

Nun, ihr seid weder Jäger noch Indianer, aber Ehrfurcht haben, staunen, anbeten, das ist keine Spezialität spezieller Leute, das ist Menschheitsgut. Ob ihr euch noch an den Augenblick erinnert, wo ihr zum ersten Mal ehrfürchtig gestaunt habt? Ob es vor dem Christbaum im Kerzenglanz war oder vor dem Elefanten im Zoo, vor dem ausschlüpfenden Küken oder vor dem Anblick des Meeres? Bei mir ist, so glaube ich, der Anblick des Eisenbahnzuges auf dem weihnächtlichen Gabentisch mein erster Moment des Staunens gewesen. Staunen gehört zum Menschen. Verlernt das Staunen nie, so wahr ihr diese Sonne als Symbol des Staunenswerten geknüpft habt!

Ein zweites: Jesus sagte in der Bergpredigt: "Gott lässt seine Sonne aufgehen über Böse und Gute." Er will nicht, dass wir die Menschen sortieren wie Aschenputtel die Linsen aussortiert hat: nämlich in Menschen, die es wert sind, dass die Sonne sie bescheint, und in solche, die dessen nicht wert sind. Ich habe es im Konfirmandenunterricht sorgfältig vermieden, die Menschen – oder gar euch selber, liebe Konfirmandinnen und Konfirmanden – auf irgendeine Weise einzuteilen in solche, die auf dem rechten, und in andere, die auf dem falschen Weg sind; in solche, die den Glauben haben, und in andere, die ihn entbehren. Ich wollte es nicht, und ich konnte es nicht.

Wer die Überzeugung anderer verachtet, mindert auch den Wert seiner eigenen herab. Ja mehr: Solche Unterscheidungen haben Misstrauen, Zwietracht, Verachtung und Hass, ja Gewalt, Leiden und Tod gesät zum Schaden der Menschen und natürlich des Christentums. Wenn Gott so gross ist und so weit, seine Sonne über Böse und Gute aufgehen zu lassen, dann soll nicht ich mit Kleinlichkeit und Enge ihm im Wege stehen. Wenn er seine Türe öffnet, soll nicht ich die meinige schliessen. Auch das ist die Botschaft dieser Sonne.

Ein drittes: Aus einem Luftschutzkeller des Zweiten Weltkriegs sind uns die dort eingeritzten Worte überliefert: "Ich glaube an die Sonne, auch wenn sie nicht scheint. Ich glaube an Gott, auch wenn er schweigt. Ich glaube an die Liebe, auch wenn sie verborgen ist." Dass ich etwas nicht höre, nicht sehe, nicht unmittelbar empfinde und erfahre, das sagt noch gar nichts aus über dieses Etwas. Alles Vordergründige hat seinen Hintergrund. Unter dem Offensichtlichen verbergen sich Geheimnisse. Jenseits des Selbstverständlichen wartet eine Fülle von Rätseln. Hinter den tausend kleinen Dingen harrt das eine Grosse. Über dem Wechselnden steht das Bleibende. Dieses eine Grosse und Grenzenlose, dieses Hintergründige und Abgründige, dieses Rätselvolle und Geheimnisreiche, dieses Bleibende und Ewige – das ist der Inhalt dessen, was man "Religion" nennt.

Man muss den Menschen nicht religiös machen – er ist es schon. Man muss ihn nur ermutigen, das zu werden, was er ist. Und das Entsprechende zu tun: zum Beispiel an die Sonne zu glauben, auch wenn sie nicht scheint – und an Gott, auch wenn er schweigt.

Und ein viertes: Irgendwo tief in mir drin höre ich noch aus der frühen Kindheit die Stimme meiner Mutter, die zu mir sagt: "Du bisch my Sunneschy." Ich nehme an und hoffe, dass viele Mütter das zu ihren Kindern sagen. Es hat mir sehr geholfen, dass ich mich mit meinem Sosein abfinden, dass ich zu mir selber stehen und Ja sagen konnte zu meinem Namen, meiner Herkunft, meinen Möglichkeiten und Grenzen. Und das ist sehr wichtig. Denn wer nicht zu sich selber steht – wie kann der wirklich zu anderen stehen? Wer sich selber verabscheut – wie kann er andere lieben? So sagte Jesus, das alttestamentliche Gebot übernehmend: "Du sollst deinen Nächsten lieben wie dich selbst."

Doch selbst wenn niemand uns als Sonnenschein rühmen würde, so würde auch dann, ja dann erst recht, das Wort Jesajas gelten, wo Gott sagt: "Weil du so wert bist vor meinen Augen geachtet, musst du auch herrlich sein, und ich habe dich lieb." Und darum gilt für jeden und jede: Es ist kein Mensch so arm, dass er nicht zu einem Sonnenstrahl für einen noch ärmeren werden könnte.

Und damit kehren wir noch einmal zurück zu Anne Frank. Eine Frau, die sie nach der Zeit ihres Tagebuches noch gesehen hatte – und zwar in der Hölle von Auschwitz, in der viele sich selber aufgaben –, sagte später: "Anne hatte noch ihr Gesicht, bis zuletzt." Ein Gesicht, auf dem Empörung oder Zärtlichkeit, Schmerz oder Hoffnung zu lesen waren. Ein Gesicht, das seine

Umgebung wahrnahm, ein Gesicht, das noch Güte ausstrahlen konnte, wenn Anne einer rasend durstigen Frau eine Tasse Kaffee brachte, statt ihn selber zu trinken, oder tiefstes Erbarmen, wenn sie nackte Zigeunermädchen auf dem Weg zur Vernichtung sehen musste. Ein Gesicht jedenfalls, auf dem immer noch jene strahlende Sonne sich spiegelte, von der sie geschrieben hatte – aber sie schien jetzt nicht mehr von aussen, sondern von ganz innen heraus.

Denn es sind letztlich nicht die Aussenräume, sondern die Innenräume, die dem Menschen erst wirkliche Helle geben, Reichtum und Schönheit. "Wär' nicht das Auge sonnenhaft, die Sonne könnt' es nie erblicken", heisst es bei Goethe. Dass wir das Licht erleben, die Wärme spüren, das liegt an unserer Innenseite mindestens so sehr wie an unserer Aussenseite. Dass Anne Frank ihr Gesicht behielt, das kam letztlich ganz von dort innen her, wo das Psalmwort gilt: "Blicket auf zu Gott, so strahlt euer Antlitz."

So ist die Sonne zwar sicher nicht göttlich, aber ein Sinnbild für das Göttliche. Denken wir an das Adventslied, in dem der Erlöser so begrüsst wird: "O Sonn, geh auf, ohn deinen Schein in Finsternis wir alle sein." Von Stephanus, dem ersten christlichen Märtyrer, berichtet die Bibel, er habe zum Himmel aufgeblickt und die Herrlichkeit Gottes gesehen, und sein Gesicht sei den Umstehenden erschienen "wie eines Engels Angesicht".

Wohl wünsche ich, dass sich auf euren Gesichtern immer wieder der Schein der Sonne und der Glanz des Himmels spiegeln mögen. Aber den wahren Glanz wird euer Gesicht von woanders her empfangen, denn

– wie es in Psalm 27 heisst – "der Herr ist mein Licht und mein Heil". Von daher nehme ich meine Hoffnung, auch euer Gesicht möchte dann und wann leuchten wie eines Engels Angesicht. Von daher möchte ich jene Feststellung "Anne hatte noch ihr Gesicht" umsetzen in den Wunsch an euch, liebe Konfirmandinnen und Konfirmanden: Behaltet immer euer Gesicht – mit seiner Offenheit, seiner Empfindsamkeit, seinem Mut und seiner Fröhlichkeit! Seid wahre Christen, indem ihr ganze Menschen seid!

19. März 1989
Predigt zum Konfirmationsfest

Als ganze Menschen leben

"Alles, was auf der Erde geschieht, hat seine von Gott bestimmte Zeit:
geboren werden und sterben,
einpflanzen und ausreissen,
töten und Leben retten,
niederreissen und aufbauen,
weinen und lachen,
wehklagen und tanzen,
Steine werfen und Steine aufsammeln,
sich umarmen und sich aus der Umarmung lösen,
finden und verlieren,
aufbewahren und wegwerfen,
zerreissen und zusammennähen,
schweigen und reden.
Das Lieben hat seine Zeit und auch das Hassen,
der Krieg und der Friede."
(Prediger 3, 1-8, "Gute Nachricht")

Das ist ein starker Text, ein anstössiger Text gar. Denn er räumt Dingen einen Platz ein, von denen wir denken, dass ihnen doch gar kein Platz gehört: dem Niederreissen zum Beispiel, wo doch vielmehr Aufbau not täte; dem brutalen Steinewerfen, wo es doch so interessant ist, Steine in ihrer wunderbaren Vielfalt zu sammeln; dem Hass, wo doch die Menschheit immer noch viel zu arm ist an Liebe; dem Töten, ja gar dem Krieg und damit dem Bösen par excellence. Ist das noch Gottes Wort, und wenn ja – ist es dann nicht unbegreiflich, menschenfeindlich, skandalös?

Es steht in seiner Art in der Bibel nicht einmal allein. Beim Propheten Jesaia heisst es: “Der ich das Licht bilde und die Finsternis schaffe, der ich Heil wirke und Unheil schaffe, ich bin's, der Herr, der dies alles wirkt.” Und folgerichtig finden wir denn auch im jüdischen Talmud die Aussage: “Zwei Triebe schuf der Heilige, gepriesen sei er; das eine ist der gute Trieb, das andere der böse Trieb.” Man kann auf zweierlei Art dagegen protestieren. Einerseits: Nur das Gute kommt doch von Gott. Andrerseits: Wie kann Gott nur so etwas tun?

Um diesem Dilemma auszuweichen, wird immer wieder der Teufel ins Feld geführt und als Verursacher alles Bösen bezeichnet. Doch dann bleibt trotzdem die Frage: Und wer hat den Teufel erschaffen?

Horchen wir doch einmal unvoreingenommen in uns hinein! Negatives und Niederreissendes, Auflehnung und Gehässigkeit, Zorn und Wut, Neid und Eifersucht, Gier und Gewalt, Gleichgültigkeit und Verzweiflung: Spüren wir das alles, wenn auch in sehr verschiedener Intensität, nicht immer wieder in unserem eigenen Innern? Aber wir schämen uns deswegen, wir leiden darunter, wir kämpfen dagegen – und kommen doch nicht davon los. Wir erinnern uns jener Mönche des Mittelalters, zu deren Tagesprogramm die Selbstauspeitschung gehörte, um das Böse auszutreiben. Martin Luther, der dieses Programm als junger Mann eisern durchhielt, stellte nach einer gewissen Zeit fest, dass es ihn nicht zum Ziel führte.

Aber was ist zu tun? Man kann doch diesen bösen Regungen nicht einfach freien Lauf lassen! Das auf keinen Fall. Aber man kann sie zulassen. Zulassen heisst nicht ausleben. Man kann sie annehmen. Annehmen heisst noch nicht weitergeben. Man kann zu ihnen stehen. Das heisst keineswegs, darauf stolz zu sein. Man kann sie als unablösbaren Teil der eigenen Person sehen. Das heisst nicht etwa, sie zur Richtschnur des Verhaltens zu machen.

Jedem Leser und jeder Leserin der Bibel muss auffallen, wie auch die grössten ihrer Gestalten nicht ohne ihre Kleinlichkeit, die schönsten nicht ohne ihre Hässlichkeit geschildert werden. Es gibt in der Bibel, sehen wir von der Person Jesu Christi ab, keine Lichtgestalten ohne Schatten. Noah war nicht nur der Fromme, der als einziger mit seiner Familie in der Arche gerettet wurde, sondern auch der Betrunkene, der seinen Söhnen ein beschämendes Bild darbot. Abraham ist nicht nur glaubensstark in das Land der Verheissung gezogen, sondern hat in der grössten Gefahr, in Ägypten, die Ehre seiner Frau Sara aufs Spiel gesetzt. Mose war nicht nur der Gottesmann, der sein Volk aus Ägypten in die Freiheit führte, sondern auch der Totschläger an einem Ägypter. David war nicht nur der Sänger von Psalmen zu Gottes Ruhm, sondern auch der verlegene Liebhaber, der den Mann seiner Geliebten in den Tod schickte. Elia war nicht nur der gewaltige Prophet, der die Ehre Gottes hochhielt, sondern auch der gnadenlose Schlächter der Baalspropheten. Und Simon Petrus war nicht nur der Nachfolger Jesu, sondern auch der, der ihn verleugnete.

Und nun formt die Bibel nicht etwa Böses in Gutes um, macht nicht Ruchloses salonfähig und erklärt nicht Frevel für unerheblich oder gar für fromm, sondern sie zeichnet einfach das Bild ganzer Menschen. Man könnte auf diese geradezu das Wort der Marianne aus dem Shakespeare-Stück "Was ihr wollt" anwenden: "Durch Fehler, sagt man, sind die besten Menschen gebildet, werden meist um so viel besser, weil sie vorher ein wenig schlimm." Die negativen Charakterzüge des Menschen gehören zu seinen positiven, wie die Nacht zum Tag gehört und wie das Leben nicht zu haben ist ohne den Tod. Es sind zwar Gegensätze, aber keine Widersprüche.

Der Psychologe Peter Schellenbaum hat folgendes Bild gebraucht: "Wenn Sie die Schwingung eines Pendels von der linken Seite her behindern, kann es auch auf die rechte Seite nicht mehr ausschlagen." Er will damit sagen: Wenn wir das Dunkle, Böse, Negative nicht auf sich beruhen lassen, sondern meinen, es zum Verschwinden bringen zu müssen, dann können wir auch das Helle und Gute und Positive nicht richtig leben. Dann wird das Dunkle erst richtig dunkel, das Böse erst recht böse und das Negative erst ganz negativ. Und dann ist wahrhaft der Teufel los. Wer gegen die eigene Anlage kämpft, statt sich mit ihr auszusöhnen, macht sich selber kaputt und vielleicht noch etliche andere damit.

Gott aber will nicht, dass wir kaputtgehen. Er will uns ein ganzes Leben schenken. Er lädt uns ein, die bösen Triebe nicht zu leugnen, sondern auch mit ihnen ihm zu dienen von ganzem Herzen. So können sie nämlich verwandelt und in ein übergeordnetes Ganzes eingefügt werden; die negative Kraft wird dann in eine positive umgepolt. Welche Entkrampfung wird uns damit geschenkt, welche Entfesselung von Lebensenergien, welche Befreiung zur Daseinsfreude!

Lassen Sie mich das alles an zwei Menschen illustrieren, die ich sehr gut gekannt habe. Der eine hat schon in der Kindheit negative Erfahrungen gemacht mit den bösen Trieben der Menschen. Er litt unter dem Wesen seiner Eltern, unter ihrem Scheitern in der Ehe, unter der Sucht seines Vaters, die dessen beruflichen Weg ins Abseits führte. Und so lautete seine Devise: Bei mir soll es einmal anders sein! Mit aller Kraft und auch aller Gebetsmacht suchte er die entsprechenden Strömungen in sich selber zu bekämpfen und niederzuhalten. Und das gelang ihm auch. Er hielt sich gewissenhaft, er blieb solid. Aber der gnadenlose Kampf, den er gegen die dunkle Seite seines Innern führte, wirkte auch nach aussen. Er wurde unerbittlich streng in seinen Massstäben gegenüber andern. Moralische Abweichungen, leichtfertiges Wesen, Respektlosigkeit, ja nur schon ein kleines, wirkliches oder vermeintliches, Betrügen beim Kartenspiel konnten ihn aufs äusserste erzürnen und erbittern. Indem er das Unrecht in sich drinnen verbissen bekämpfte, war er ständig in Gefahr, nach aussen den Mitmenschen Unrecht zu tun. Das machte den Umgang mit ihm sehr heikel.

Der andere Mensch hingegen fand in sich selber nicht weniger erbliche Belastung vor. Aber dieser Mensch verschwendete keine seelischen Kräfte mit erbitterten inneren Kämpfen. Er nahm sich selber an, und zwar ganz, mitsamt all jenem Dunklen und Negativen. Er freute sich nicht darüber, aber er schämte sich dessen auch nicht. Dadurch kam es zu dem, was jenem andern fehlte, nämlich zu einer Ausgeglichenheit seines Wesens, zu einem inneren Frieden, der dann auch nach aussen drang. Seine Lebensgrundsätze waren zwar kaum anders als in jenem ersten Fall. Aber es ging soviel Vertrauenerweckendes, Gütiges und Verstehendes von ihm aus, dass trotz seines zurückhaltenden Wesens die Menschen zu ihm kamen, weil sie sich bei ihm angenommen fühlten. Während der erste Mensch verkrampft wirkte, wirkte der zweite gelöst. Während man beim ersten sozusagen den Atem anhielt, atmete man beim zweiten auf.

Ich bin noch längst nicht damit fertig, das, was ich an diesen beiden Menschen wahrgenommen habe, für mein eigenes Leben hilfreich zu machen. Dabei begleitet mich mein Glaube, dass alle Dinge in dieser Welt und in den Herzen der Menschen von Gott kommen und letztlich wieder zu ihm führen. Dieser Glaube wird vom Zweifel, der ihn selbstverständlich begleitet, nicht zerfressen, sondern erst recht herausgestellt. Und er mündet – im Blick auf Gott – in den Satz, den Richard von Volkmann-Leander an das Ende seines Märchens vom Wunschring setzt: "Es ist eine eigene Sache mit dem, was richtig und was falsch ist, und schlecht Ding in guter Hand ist immer noch sehr viel mehr wert als gut Ding in schlechter."

12. Juli 1992

Im Unerträglichen getragen

"Auch ich kenne das Sprichwort: Wer Gott ernst nimmt, der hat es gut. Aber wer Unrecht begeht, der hat kein Glück. Sein Leben ist kurz und flüchtig wie ein Schatten, weil er Gott nicht ernst nimmt. Doch das ist Unsinn! In der Welt sieht es oft genug ganz anders aus: Da sind Menschen, die Gottes Gebote befolgen, und es ergeht ihnen, wie es Verbrechern gehen sollte. Und es gibt Verbrecher, denen es so gut geht, als hätten sie alle Gebote Gottes befolgt. Es bleibt dabei: Ich sehe darin keinen Sinn! Ich wollte herausfinden, was Wissen wert ist und ob der Mensch die Ursachen dessen, was auf der Erde geschieht, begreifen kann. Aber ich musste einsehen: Ein Mensch kann das, was Gott tut und was er unter der Sonne geschehen lässt, niemals in seinem Zusammenhang wahrnehmen, selbst wenn er Tag und Nacht kein Auge zumacht. Mag er sich noch so abmühen, den Zusammenhang der Dinge durchschaut er nicht."
(Prediger 8, 12-17, "Gute Nachricht")

Zehnjährig war André Trocmé, als das Unbegreifliche geschah. Es war ein schöner Sommersonntag, als er mit seinen Eltern, einem Bruder und einem Vetter aus der Stadt St. Quentin in das Landhaus der Familie fuhr. Aber sie kamen nicht im Landhaus an. Der Ärger begann schon bei einem geschlossenen Bahnübergang, als sich ein kleiner, klappriger Wagen vor ihr Auto drängte. Als das vordere Auto anfuhr, hüllte es das Cabriolet der Trocmés in eine dichte Staubwolke. Und als die Strasse abschüssig wurde, fuhr die alte Kiste vor ihnen ganz langsam genau in der Mitte der Strasse. Da verlor der Vater am Steuer die Beherrschung und scherte nach links aus, um auf irgendeine Weise zu überholen. Die Mutter rief noch: "Nicht so schnell, wir machen einen Unfall!" Sie behielt recht. Nach dem grossen Krach kämpfte sich die Familie aus den Trümmern des Wagens heraus, erleichtert, dass man noch am Leben war. Bis einer von ihnen die Mutter entdeckte. Ihr lebloser Körper lag auf der Strasse, aus dem rechten Mundwinkel tropfte Blut, und die Augen waren geschlossen. Ohne das Bewusstsein wiedererlangt zu haben, starb sie drei Tage später.

Trost war teuer. Erst recht war er nicht vom Vater zu erhalten, der sich zu Recht als Verursacher ihres Todes fühlen musste. Trost wäre noch weniger zu erwarten gewesen, wenn Hass gegen den schuldigen Vater die Oberhand gewonnen hätte. Wie schlecht es um Trost bestellt war, hat der betroffene Sohn André als Erwachsener selber festgehalten. Er spricht mit seiner toten Mutter: "Wenn ich so viel gesündigt habe, wenn meine Seele in solche Unruhe und Einsamkeit geriet, wenn ich alles angezweifelt habe, wenn ich ein Fatalist war, wenn ich ein schwermütiges Kind war, das den Tod täglich erwartete und sogar suchte, wenn ich mein Herz nur spät dem Glück geöffnet habe und wenn ich immer noch ein schwermütiger Mann geblieben bin, unfähig, von Herzen zu lachen – so rührt das alles daher, dass du mich an jenem 24. Juni auf jener Strasse verlassen hast."

Wie schief muss da jeder Trost von Unbeteiligten liegen, etwa in der Tonart: Gott macht keine Fehler, seinen Willen muss man annehmen; du musst halt mehr glauben und mehr beten; "es ist kein Unglück noch so gross, es birgt ein Glück in seinem Schoss"; andern geht es noch schlechter; du musst nun einfach vorwärts schauen.

Wieviel menschlicher, wieviel barmherziger ist da doch die Art, in der der Prediger Salomo spricht, auch wenn, oder gerade weil er sagt: unsinnig, unbegreiflich, undurchschaubar, verkehrt, tragisch. Er räumt auf mit einem Klischee, das sich im Bewusstsein der Menschen immer wieder hartnäckig behauptet: Der Gute wird belohnt, der Böse wird bestraft; Gott vergilt das Edle wie das Gemeine; tue Gutes, und es geht dir gut, tue Schlechtes, und es geht dir schlecht. Seine Feststellung lautet: Das ist Unsinn! In der Welt sieht es oft genug ganz anders aus. So legt er seine Fragen neben unsere Fragen, seinen Protest neben unseren Protest, seine Hilflosigkeit neben unsere Hilflosigkeit. Er redet so, dass der Enttäuschte und Geschlagene und Verwundete seine eigene Stimme wiedererkennt. Und es ist wesentlich, dass gerade diese Stimme nicht fehlt im Chor der biblischen Zeugen; denn ohne sie würde der Choral des Glaubens unvollständig, vielleicht auch zu abgerundet tönen.

Vor allem aber führt von dieser Stimme ein Grundton zu jenem ganz andern Schrei, der lautet: "Mein Gott, mein Gott, warum hast du mich verlassen?" Dieser Schrei, wir wissen es, wurde ausgestossen von jenem Gerechten, dem höchstes Unrecht widerfuhr, von jenem Freund allen Lebens, der grausam zu Tode gebracht wurde. Es ist der Schrei von Jesus Christus, dem man nicht nur die Erkenntnis entnehmen kann "Undank ist der Welt Lohn", sondern gar "Undank ist Gottes Lohn". Jedenfalls spricht er von einem andern Gott als dem, der die rechten Leute zu rechter Zeit beschützt und bewahrt. Er spricht vielmehr von einem unbegreiflichen oder, wie Luther sagen würde, von einem verborgenen Gott. Das Bild des Gottes, bei dem man vor Schmerz und Elend sicher ist, hat keinen Bestand. Bestand hat nur das Bild von jenem Gott, der nicht in lächelnder Entrücktheit thront, sondern in Jesus Christus teilnimmt, mitträgt und mitleidet am Elend und am Schmerz dieser Welt; das Bild von jenem Gott, der nicht draussen bleibt, sondern mittendrin ist, der uns versteht, auch wenn wir ihn nicht verstehen, der uns nicht verlässt, auch wenn wir uns verlassen wähnen, der uns auch im Unerträglichen trägt.

Aber hat denn wirklich die Unbegreiflichkeit das letzte Wort? Gibt es denn wirklich nichts mehr jenseits der Sinnlosigkeit? Gibt es denn keine Möglichkeit des Trostes? Gibt denn niemand Antwort?

Da kann uns vielleicht ein Gespräch eine Brücke bauen. Albert Camus beschreibt in seinem Roman "Die Pest" zwei Menschen, den Priester Paneloux und den Arzt Rieux, die sich – jeder auf seine Weise – um die ungezählten Kranken, die die unbarmherzige Pest im Würgegriff hat, kümmern. Als eben wieder ein Kind nach qualvollen Stunden gestorben ist, reden die zwei miteinander. "Es ist empörend, weil es unser Mass übersteigt", sagt der Priester, fügt jedoch bei: "Aber vielleicht sollen wir lieben, was wir nicht begreifen können." Der Arzt widerspricht: "Ich werde mich bis in den Tod hinein weigern, die Schöpfung zu lieben, in der Kinder gemartert werden." Aber die beiden kämpfen ja um die Leiber und um die Seelen der Pestopfer. "Wir arbeiten miteinander für etwas, das uns jenseits von Lästerung und Gebet vereint", sagt Rieux. In dieser Arbeit findet selbst er, der Ungläubige, Trost. Dem Elend nicht auszuweichen, es vielmehr zu erleiden und zu bekämpfen – das ist seine Antwort auf die Sinnfrage.

Ob nicht auch wir Sinn und Trost eher auf solchem Wege suchen sollten und finden könnten? Weniger in dem, was an uns geschieht, als in dem, was wir daraus machen; weniger darin, wie es uns ergeht, als in dem, was wir zum Ergehen anderer beitragen.

Es soll nicht nur bei der Frage bleiben. Jener André Trocmé, auf dessen Kindheit durch den Tod seiner Mutter ein so schwerer Schatten gefallen war, musste als Erwachsener jene Jahre miterleben, da auf sein ganzes Land ein schwerer Schatten fiel durch den Krieg und die deutsche Besatzung. In jenen Jahren wurden Französinnen und Franzosen massenweise nach Deutschland in Arbeitslager deportiert; für diejenigen jüdischer Herkunft wurden aus den Arbeitslagern bald Todeslager. Doch da waren auch Kinder, Kinder ohne Zahl, denen die Eltern entrissen worden waren. Und solche Kinder sammelte André Trocmé. Viele Jahre war er Pfarrer einer evangelischen Gemeinde im Hochland Frankreichs, in Le Chambon sur Lignon. Wir haben vor einigen Jahren seine Kirche und sein Grab besucht. In Le Chambon organisierte er mit seiner Frau zusammen eine Zufluchtsstätte für Kinder, zunächst ein Haus, und schliesslich waren es sieben Häuser, in denen elternlose Kinder am Leben erhalten wurden – wohlverstanden unter täglichem Todesrisiko der Betreuerinnen und Betreuer selber. Wohl gab es Kinder, die der Arm der Nazis trotzdem zu holen vermochte. Aber es gab ebenso die andern, die überlebten. Sie überlebten nicht zuletzt dank des unermüdlichen Einsatzes eines Menschen, in dessen Herz die Erfahrung, was es heisst, keine Mutter mehr zu haben, unauslöschlich eingegraben war.

So ist der Schmerz um den Verlust der Mutter nicht einfach im Nichts zerronnen. Er ist umgewandelt worden in die Anteilnahme am Schmerz von Kindern, wie er einst selber eines war. Der verlorengegangene Sinn in seinem Leben ist wiedergefunden worden in dem, was er für das Leben anderer bewirkte. Das kann für uns alle wegweisend sein.

Auch ich will mich nicht schämen zu gestehen, wie oft ich an der Sinnfrage des Lebens herumgrüble – für andere, für mich selber. Aber im Grübeln wird diese Sinnfrage nicht gelöst, nicht einmal im Beten, so wie ja gerade die intensivsten Beter der Bibel sie nicht gelöst haben. Sie wird für mich dann gelöst, wenn ich in aller Begrenztheit meiner Möglichkeiten für jemanden etwas tun kann, dann, wenn man mich braucht. Sie wird für mich dann gelöst, wenn ich der Sinnlosigkeit von Ereignissen ein winziges Stück abtrotze, wenn ich einen auch noch so kleinen Beitrag leiste zu einer gerechteren Weltordnung.

Es gilt letztlich, nicht an Gottes Willen herumzudeuteln, uns nicht an Gottes Willen krank zu quälen. Es gilt, Gottes Willen zu tun und – mitten in einer unbarmherzigen Welt – unsere eigene Barmherzigkeit zu bewahren. Gott hat uns das Geheimnis der Zusammenhänge aller Dinge noch nicht geoffenbart. Aber er zeigt uns ein paar kleine Dinge, die wir zum Wohl von Menschen an die Hand nehmen können. Und dann werden wir am ehesten spüren dürfen, wie sehr wir trotz allem in seiner Hand sind. Dann mag gar etwas aufleuchten von der Wahrheit des jüdischen Sprichworts: "Wer einen Menschen rettet, der rettet die Welt."

26. Juli 1992

Singt!

"In aller Weisheit lehret und ermahnet einander mit Psalmen, Lobgesängen, geistlichen Liedern; singet Gott lieblich in euren Herzen!" (Kolosserbrief 3,16, Zürcher Bibel)

Wo es brennt, da raucht es. Und wo christliche Gemeinde ist, da hört man singen. In der "Kirchlichen Dogmatik" von Karl Barth lese ich: "Eine Gemeinde, die nicht sänge, wäre gar nicht Gemeinde... Singen ist menschliche Aussage in ihrer höchsten Potenz." Im Lied vereinigen sich sozusagen zwei Musen im Kuss: Kalliope, die Muse der Dichtkunst, und Polyhymnia, die Muse der gesungenen Töne. Diese Kombination gibt dem Lied seine Einzigartigkeit. Das Wort gibt dem Ton seine Inhaltsschwere, der Ton wiederum verleiht dem Wort Flügel.

Ich rede hier nicht von ungefähr vom Lied ganz allgemein. Denn das besondere Kirchenlied gibt es vom Musikalischen her gesehen kaum. Wussten Sie zum Beispiel, dass die Melodie unseres bekanntesten Karfreitagschorals "O Haupt voll Blut und Wunden" schon vor Paul Gerhardt gesungen wurde, und zwar mit dem Text "Mein G'müt ist mir verwirret von einer Jungfrau zart"? Und es ist gar nicht etwa Maria gemeint...

Ich gebe gerne Albert Schweitzer recht, wenn er schreibt: "Jede wahr und tief empfundene Musik, ob profan oder kirchlich, wandelt auf jenen Höhen, wo Kunst und Religion sich jederzeit begegnen können." Nicht Frömmigkeit oder Weltlichkeit, sondern Schönheit und Echtheit sind die Kriterien des Liedes.

Doch: Warum singen wir eigentlich in der Kirche? Die Antwort scheint einfach zu sein: Wir rühmen Gott mit unserem Gesang im Sinne der Psalmen des Alten Testaments. Der Gesang ersetzt auf seine Weise das Opfer, das einst im Tempel dargebracht wurde. Doch eben diese Begründung ist nicht unangefochten. Huldrych Zwingli hat ja dem Kirchengesang vorgeworfen, er diene oft mehr der Ehre der Singenden als der Ehre Gottes, es sei mit ihm, wie Jesus es dem Almosengeben, Beten und Fasten der Pharisäer ankreidete: Sie täten es, um sich vor den Leuten sehen zu lassen. Und so schüttete er das Kind mit dem Bade aus und verbannte den Kirchengesang aus dem Gottesdienst. Das Wort allein sollte zu vernehmen sein.

Aber so wenig wie vom Brot allein lebt der Mensch vom Wort allein, sei es nun Belehrung oder Mahnung oder Tröstung. Was der Mensch sonst noch braucht, mag jenem "Brief an die Europäer" entnommen werden, den Georgios Mangakis unter dem griechischen Diktaturregime der Obristen aus dem Gefängnis schmuggeln liess. Er schrieb: "Hier ist Singen ein echtes, unmittelbares Bedürfnis des Geistes. Es ist das tägliche Brot derer, die gegen den Irrsinn kämpfen. Es macht die harte Welt weicher und eröffnet uns die erlösende Sicht neuer, weiterer Horizonte." Das Singen also war ihm das Reservat der Freiheit hinter Gittern, der Verbundenheit in der Einsamkeit, der Erhabenheit auch in der Erniedrigung, der Menschlichkeit selbst in der Barbarei, der Würde sogar im Schmutz, des Lebens mitten im Modergeruch.

Und da kommen uns doch all die fatalen und schrecklichen Umstände in den Sinn, in denen Gottes Lob angestimmt wurde. Paulus und Silas sitzen gemäss der Apostelgeschichte im Gefängnis von Philippi, die Füsse gnadenlos in den Block geschlossen; doch um Mitternacht beten sie und singen Gott Loblieder, und die andern Gefangenen hören ihnen zu. Oder da ist der am Konzil zu Konstanz zum Tod verurteilte Johannes Hus, dessen Stimme man noch aus dem brennenden Holzstoss singen hört: "Christe, du Sohn des lebendigen Gottes, erbarme dich meiner!" Da sind die Hugenotten Frankreichs, die sich lieber in die entlegenste Einöde der Cevennen zurückzogen, um sich mit ihrem Gesang nicht zu verraten, als auf das Singen zu verzichten. Einer von ihnen, Elie Neau, hat im Kerker des Château d'If vor Marseille unter unbeschreiblichen äusseren Umständen die 150 biblischen Psalmlieder neu geschaffen, und mit ihnen hat er überlebt.

Doch hinter solchem Singen steht weit mehr als die volkstümliche Wahrheit bei Adalbert von Chamisso: "Nur frisch, nur frisch gesungen, und alles wird wieder gut." Es steht dahinter eine Vision. Es gehört zu den Wesensmerkmalen des Menschen, dass er "transzendiert", das heisst, über seine irdische Grenze hinausdenkt, die unsichtbare Welt Gottes erahnt, in die seine Ahnen ihm vorausgegangen sind und in die er ihnen nachfolgen wird. Und es gehört zu den Merkmalen des Christen, dass er sinnt über das "Reich der

Himmel", von dem Jesus in vielfältiger Weise gesprochen hat.

Doch angesichts von Grösse und Geheimnis des Gegenstandes versagen die Denkmuster und die gängigen Bilder – mit einer Ausnahme. Wir erinnern uns des offenen weihnächtlichen Himmels über dem Hirtenfeld von Bethlehem: Da ist die Menge des himmlischen Heeres, das Gott lobt. Und der Seher der Offenbarung des Johannes schaut auf zu Gottes Thron und nimmt eine Schar von zehntausend mal zehntausend himmlischen Wesen wahr, die Gottes Herrlichkeit und Jesu Ruhm besingen. Jedes irdische Singen ist ein Vorgeschmack himmlischen Singens, und das Singen ist eigentlich das einzig Fassbare und Anschauliche, was sich über das ewige Leben sagen lässt. So ist das Singen selbst in Elend und Schmach zum Signal einer Hoffnung geworden, die nicht von dieser Welt ist, zum Elixier eines Lebens, das kein Tod tötet.

Ob das der tiefste Grund eines Phänomens ist, das jedem auffällt, der der Geschichte des Singens nachgeht? Mit dem Singen ist ja etwas sehr Trauriges geschehen. Walter Lüthi erzählt, wie in seiner Kindheitserinnerung Frauen und Männer im grossen Saal einer Uhrenfabrik an ihren Arbeitsplätzen sitzen und zur Arbeit singen, schwerblütige Lieder mit unwahrscheinlich vielen Strophen. Das Lied in der Fabrik ist für immer verklungen. Doch wir kennen ja die bunte Reihe der "ständischen Lieder", das Lied der Spinner und Leinenweber, der Ruderer und der Matrosen, der Hirten und der Müller, der Bergleute und der Schmiede, der Jäger und der Landsknechte. Die Lieder sind zwar geblieben, aber das Singen der Handwerker ist verstummt.

Dieser Tage erzählte mir eine Niederurnerin in den Achtzigern, wie sie mit ihrer Freundin jeweils auf dem Bänklein vor dem Haus Lied um Lied gesungen habe, zweistimmig, und die Leute seien stehengeblieben, um zu lauschen oder auch einzustimmen. Wer von Ihnen führt mich heute zu einem solchen Bänklein hin? Die Unterhaltungselektronik enthebt uns des eigenen Singens. Darum wird hierzulande das Lied in abendlichen Vereinsproben gepflegt, und das Wort "gepflegt" erinnert uns an das Pflegen eines Kranken oder Sterbenden. Ist dieses Pflegen des Liedes mehr als eine künstliche Lebensverlängerung?

Nein, müsste man dazu sagen, wenn es nicht einen Ort gäbe, wo man singt wie sonst nirgends mehr, und dieser Ort ist hier. Dieser Ort ist der Gottesdienst. Da singen nicht nur Geübte, nicht nur Sangesfreudige, auch nicht nur Fromme, da singt eine Gemeinde. Und es ist ein Singen, das nicht nur reproduziert, was immer schon gesungen wurde, sondern das dann und wann ein neues, unbekanntes Lied wagt und es manchmal auch gut findet; es ist ein Singen, für das sogar ein neues, reichhaltiges Gesangbuch in Vorbereitung ist.

Für mich ist es ein Wunder, dieses Singen der Gemeinde. Aber es ist eine Art von Wunder, das nicht einfach über einen kommt, sondern dem man vorspuren kann und muss. Ich sehe in unseren Kirchenchören nicht nur Hüter alter Schätze der Kirchenmusik – das freilich auch –; vielmehr sehe ich in ihnen auch das, was man in Organisationen mit "Spurgruppe" bezeichnet: Vorspurer, Zugpferde, Animatoren. Es ist nicht zu ermessen, wieviel unsere Gemeinde über Jahrhunderte hinweg den Choralsängern und den Kantoristen verdankt, die Woche um Woche geduldige Probenarbeit auf sich nehmen. Und dafür haben sie Ehre und Dank verdient.

Wer sich dieses Singen, das fast als einziges in unserer Gesellschaft überlebt hat, nicht verdriessen lässt, der tut in dreifacher Weise etwas Gutes: Zunächst rühmt er den lieben Gott, von dem der 22. Psalm sagt: "Er thront über den Lobgesängen Israels". Dann erfreut er die Mitmenschen, die hoffentlich zu Mitsängern oder doch Mitsummern werden. Und schliesslich pflegt er die eigene Seele, denn, so das Sprichwort, "Ein guter Gesang wischt den Staub vom Herzen". Und ich selber bekenne Ihnen frei, dass mir Ihr Gesang mindestens ebensoviel bedeutet wie Ihnen meine Predigt.

Ein anderes Sprichwort sagt: "Ein kurzer Gesang wirkt oft mehr als eine lange Predigt." Ich beherzige das, komme gern zum "Amen" und überlasse das Feld wieder ganz dem Gesang.

13. Juni 1993
Predigt zum 50-Jahr-Jubiläum
der Kantorei Niederurnen

Inhalt